1682

SAMMLUNG
METZLER

D0897105

REALIEN ZUR LITERATUR
ABT. D:
LITERATURGESCHICHTE

PETER STEIN

Epochenproblem »Vormärz« (1815–1848)

MCMLXXIV

J. B. METZLERSCHE VERLAGSBUCHHANDLUNG

STUTTGART

ISBN 3 476 10132 0

M 132

© J. B. Metzlersche Verlagsbuchhandlung und Carl Ernst Poeschel Verlag GmbH
in Stuttgart 1974. Satz: IBV Lichtsatz KG, Berlin. Druck: Gulde-Druck, Tübingen
Printed in Germany

INHALT

»Ende der fünfziger Jahre hörte ich einen Professor der deutschen Literaturgeschichte in einem Kreis von Studenten sich über seinen Beruf freuen: er beschäftige sich nur mit Sachen, die ihm Spaß machten, und dafür bekomme er auch noch vom Staate Geld. Die Studenten sagten dazu nichts. Anfang der siebziger Jahre trat der Professor dem Bund Freiheit der Wissenschaft bei. Er hat keine Freude mehr an seinem Beruf, und er sieht den Untergang der deutschen Universität drohen: die Studenten haben ihm gesagt, die Sachen, mit denen er sich beschäftige, machten ihnen keinen Spaß. Das einzige, woran er sich noch halten kann, ist der Staat (von dem er auch nun noch Geld dafür bekommt, daß er sich mit Sachen beschäftigt, die andern keinen Spaß machen).«

(Kurt WÖLFEL: Szenen aus einem bürgerlichen Schäferleben. In: Wie, warum und zu welchem Ende wurde ich Literaturhistoriker? Hrsg. von S. Unseld. Frankfurt 1972. S. 218.)

ABKÜRZUNGEN

Archiv	Archiv für das Studium der neueren Sprachen
DL	Deutsche Literatur. Sammlung literarischer Kunst- und Kultur-denkmäler in Entwicklungsreihen. Hrsg. von Heinz Kindermann, Walther Brecht und Dietrich Kralik. Leipzig 1928 ff.
DU	Der Deutschunterricht
DVjs	Deutsche Vierteljahrsschrift für Literaturwissenschaft und Geistesgeschichte
Euph.	Euphorion
Goed. NF	Goedekes Grundriß zur Geschichte der deutschen Dichtung. Neue Folge. Fortführung von 1830 bis 1880. Hrsg. von der Akad. d. Wiss. zu Berlin. Berlin 1955 ff.
GR	Germanic Review
GRM	Germanisch-Romanische Monatsschrift
MDU	Monatshefte für Deutschen Unterricht
PMLA	Publications of the Modern Language Association of America
RL	Reallexikon der deutschen Literaturgeschichte. 2. Aufl. Hrsg. von Werner Kohlschmidt und Wolfgang Mohr. Berlin 1958 ff.
WB	Weimarer Beiträge
WW	Wirkendes Wort
ZDP	Zeitschrift für deutsche Philologie

1. Einleitung

1.1. Literaturgeschichte: Literatur und Geschichte?

1. Krise der Literaturgeschichtsschreibung – 2. Verhältnis von Literatur und Geschichte in der bürgerlichen Literaturwissenschaft – 3. Materialistische Literaturwissenschaft – 4. Erkenntnisinteresse materialistischer Literaturwissenschaft

1. Ein Realienbuch, das einen literaturgeschichtlichen Gegenstand zum Thema hat, kann heute weniger denn je einfach mit dem verabredeten Text beginnen und so tun, als gäbe es trotz der anhaltenden Krise der Germanistik immer noch etwas, das unbestritten standgehalten habe: die Realien der Literaturgeschichte und ihrer Wissenschaft, d. h. Daten und Fakten, konkrete Details und notwendige Zusammenhänge. Um es genauer zu sagen: Nicht zu bezweifeln ist die Existenz und reiche Fülle dieser Realien, in Zweifel gezogen werden muß jedoch die daraus abgeleitete, verbreitete Praxis, von Zeit zu Zeit zu renovierende kategoriale Darstellungsmodelle zu entwickeln, mit denen die Stoffmassen geordnet, aufbereitet und für den Wissenschaftsbetrieb fungibel gemacht werden.

Wenn es schon so ist, daß im herrschenden System jedes Produkt, auch gegen seine Intention, in einen bestimmbaren Verwertungszusammenhang gerät und von ihm mit aufgezehrt wird, so hat eine kritische Wissenschaft, obwohl sie mit ihren Produkten demselben Zusammenhang unterliegt, »als (wenigstens mittelbar) auf Veränderung des Status quo zielende menschliche Tätigkeit« (*Richter*, S. 218) die Möglichkeit und die Pflicht, diesen Sachverhalt theoretisch zu reflektieren sowie praxisorientierend im Sinne ihrer Bestimmung zu wirken. Diese Forderung bedeutet konkret für eine kritische Literaturwissenschaft: Die Reflexion über den gesellschaftlichen Zusammenhang der Germanistik kann, mag sie nun ausgehen von der anhaltenden Strukturkrise an den Hochschulen oder allgemeiner ansetzen mit einer grundsätzlichen Analyse der Funktion von Wissenschaft unter kapitalistischen Bedingungen, an den folgenden Erkenntnissen nicht vorbei*:

* Die in diesem Kapitel dargelegten Überlegungen zur Literaturgeschichte erfuhren wesentliche Anregungen durch *Dieter Richters* Aufsatz zur materialistischen Literaturtheorie (1972) wobei versucht wurde, Richters kritische Klarstellung aus dem Nachwort 1973 sowie seine erneute Präzisierung 1974 (vgl. unten S. 14) einzubeziehen.

Die auch von bürgerlichen Literaturwissenschaftlern nicht geleugnete Krise der Literaturgeschichtsschreibung ist mehr als eine temporäre, methodologische ›Schwierigkeit‹, wie sie im Selbstverständnis ihrer Vertreter von W. Milch (1950) bis K. Tober (1970) immer wieder erscheint. Es geht vielmehr um die Konventionen der bürgerlichen Literaturwissenschaft überhaupt, deren »Entwicklung seit dem Ende des 19. Jahrhunderts gekennzeichnet [ist] durch die zunehmende Vernachlässigung des geschichtlichen Charakters ihrer Gegenstände zugunsten einer Hypostasierung vorgeblich metahistorischer Kategorien und Beschreibungsmodelle.« (*Richter*, S. 216)

Über die Methodengeschichte der Germanistik als Geschichte einer Wissenschaft, die in zunehmender Weise »das Interesse an der Literatur als das Desinteresse an der Geschichte« lehrte (Parole aus der Westberliner Studentenbewegung), ist vor allem seit 1966 viel geschrieben worden (vgl. dazu: *Topographie*, S. 45 ff., S. 62 ff.). Dabei darf nicht übersehen werden, daß wenigstens seit Mehrings 1893 erschienenen Kritik »Die Lessing-Legende« sowie mit den Arbeiten von Lukács, Benjamin (1931), Löwenthal (1932), Reimann (1928/48) sowie vor allem in Werner Krauss' Abrechnung mit der Geistesgeschichte (1950) eine gewichtige Reihe kritischer Bestandsaufnahmen bereits vorgelegen hat. Gleichwohl ist die frühe Kritik ebenso wie die seit 1966 – trotz Ausnahmen wie z. B. Conrady, Bertau u. a. – eine Kritik von ›Außenseitern‹ geblieben. Die Selbstverständigung der Ordinarien über ihre Wissenschaft, in den repräsentativen Fachorganen, Handbüchern usw. niedergelegt, verharrte vornehm unter sich, allenfalls verbal auf eine zum Popanz gemachte materialistische Kritik reagierend.

Folgende Grundlinien zeichneten sich dabei in dieser Selbstverständigung ab:

a) Die kritische Situation des Faches wird innerwissenschaftlich als Krise ihrer jeweils zuvor dominierenden Methoden interpretiert, wobei diese Methoden nicht selten als regelhafte Ausschläge eines verselbständigten Pendel-Automatismus erscheinen (»Gegenschlag auf ...«). Der besonnene Literarhistoriker empfiehlt, das Verdienstliche der überkommenen Methoden zu bewahren und eine Synthese aus dem Bewährten und dem Neuen zu bilden: so nach 1945 ganz ausgesprochen bei Wiese, Rüdiger und Sengle, die einen Frieden zwischen Geistesgeschichte und Interpretation schließen wollten, oder noch ausdrücklicher bei Hermand, der 1968 das »Synthetische« zum Prinzip einer allgemeinen Methodenversöhnung erklärte.

b) Je schärfer die wissenschaftliche Selbstkritik vorangetrieben wird, desto unklarer bzw. utopischer ist der Ausweg: so ganz deutlich bei Hass (1958) sowie bei Hermand (1968), der eine »materialistische Geistesgeschichte« (Synth., S. 222) fordert.

Umgekehrt: Je befangener die Selbstkritik in der bloßen Methodendiskussion bleibt, desto zuversichtlicher wird an eine jeweils neue Methode als Ausweg aus den Schwierigkeiten geglaubt. So schlug z. B. Viëtor 1945 anstelle der geistesgeschichtlichen Methode die Interpretation vor; dieser wurde dann u. a. von Rüdiger 1963 die komparatistische Methode entgegengesetzt, v. Wiese (1963) zog sich auf die Philologie zurück. In den 1969 von Kolbe herausgegebenen »Ansichten einer künftigen Germanistik« wurde, angeregt vor allem durch Iser und Weinrich, die Linguistik und Textwissenschaft anempfohlen, was nicht hinderte, in den ebenfalls von Kolbe herausgegebenen »Neue Ansichten einer künftigen Germanistik« (1973) diese Empfehlung stark einzuschränken und nun der spätestens seit Jauß (1967/70) aktuellen Rezeptionsforschung anzuhängen bzw. sogar Varianten der ›materialistischen Methode‹ anzuregen. So bilden methodische Verzweiflung an den eigenen Voraussetzungen und Anfälligkeit gegenüber neuen wissenschaftlichen Moden die alten und ewig neuen Ansichten der bürgerlichen Germanistik. In diesem Dilemma muß sie steckenbleiben, solange sie immer wieder methodologisch reagiert, anstatt die eigene Position erkenntniskritisch und historisch zu bestimmen – womit sie sich freilich selbst aufheben würde. Methodenzuversicht und Geschichtsfremdheit bleiben daher gleichermaßen für sie konstitutiv.

2. Der »Verlust an geschichtlicher Blickeinstellung« (*Hass*, S. 308), steht in engstem Zusammenhang mit dem krisenhaften Entwicklungsverlauf der spätbürgerlichen Gesellschaft, ihrer spezifischen Produktions- und ideologischen Reproduktionsweise. Funktion einer derart ahistorischen Wissenschaftspraxis war und ist in differenzierterer Form noch heute bei ihren konservativen Vertretern, sowohl die Erinnerung an die eigene, vormals revolutionäre Geschichte zu verstellen, als auch die damit eng verbundene Erkenntnis zu verdecken, daß die bürgerliche Klasse keine überzeugende historische Perspektive mehr besitzt. Dort, wo bei ihren liberalen Vertretern eine Perspektive erkannt wird, gewinnt – seit einigen Jahren – das Geschichtliche eine neue, freilich spezifisch eingegrenzte Bedeutung (vgl. dazu S. 36–39).

Unbestreitbar ist jedoch auch heute noch, daß es der bürgerlichen Literaturwissenschaft in den letzten 30 Jahren, gemessen an ihren eigenen Ansprüchen, nicht gelungen ist, trotz mannigfacher Versuche das Verhältnis von Literatur und Geschichte grundlegend zu bestimmen.

Dazu schreibt *Richter*:

»Die nach 1945 in der Bundesrepublik (mit historischer Verspätung) sich etablierende Interpretationslehre setzte sich zwar programmatisch von der

3

geisteswissenschaftlichen Tradition ab. Sie tat dies, indem sie die manifest gewordenen völkischen und faschistischen Implikationen der geisteswissenschaftlich orientierten Literaturwissenschaft der historischen, auf übergreifende geschichtliche Zusammenhänge bedachten Methode schlechthin anlastete – ohne zu erkennen, daß es doch gerade der ideologisch verkürzte Geschichtsbegriff war, der diese Folgen hatte. So konnte jede materiale historische Fragestellung mit dem warnenden Satz verbannt werden, auf der Suche nach derlei habe sich die Literaturwissenschaft schon einmal kompromittiert« (S. 216 f.).

Bürgerliche Literaturgeschichte sank »auf eine annalistisch gereihte Folge von Tatsachen« herab oder verkam »in der existenzphilosophischen Ausschaltung der Geschichte« (*Hass,* S. 315).

Nach ersten Ansätzen bei W. Milch (1950) verstärkte sich ab Ende der 50er Jahre die Forderung nach einer intensiveren Berücksichtigung der Geschichtlichkeit der Literatur (z. B. ausgeprägt bei *Hass*). Sowohl bei Rüdiger wie auch bei Sengle (Aufgaben, S. 254) und vor allem bei Wiese blieb diese ›Geschichtlichkeit‹ eine diffuse Ansammlung von »gesellschaftlichen Voraussetzungen der Literatur«, die ausdrücklich anders als in der marxistischen Literaturwissenschaft berücksichtigt werden sollen (*Rüdiger,* S. 243) ›Geschichtlichkeit‹ im bürgerlichen Verständnis meinte zumeist die literaturgeschichtliche Tradition der Formen und Strukturen, ein ästhetisches Kontinuum, dem hilfsweise davon strukturell abgeschlossene Wissenschaften wie Ökonomie, Soziologie, Psychologie usw. beigeordnet werden konnten. Konsequent hieß es deswegen bei *Wiese:* »Das Wissen um die geschichtlichen Voraussetzungen bleibt sekundär, verglichen mit dem Anspruch, den das Kunstwerk als Kunstwerk stellt« (S. 249). Über die Versuche in den 60er Jahren, mit literatursoziologischen, sozialliterarischen und anderen Methoden Ästhetisches und Gesellschaftliches zu vereinen (Wellek, Fügen, Böckmann, Emrich u. a.), informiert *Tober,* S. 27 f.

Daß der geforderte »Vollzug der ›Einbürgerung‹ des Geschichtlichen in das Gegenwartsbewußtsein« (*Hass,* S. 318) nicht geschafft wurde, zeigt die Kritik bei Jauß, der mit seiner rezeptions-ästhetischen Theorie versprach, die traditionelle »Kluft zwischen Literatur und Geschichte, zwischen ästhetischer und historischer Erkenntnis« (*Jauß,* S. 207) zu überbrücken: »Geschichte der Literatur ist ein Prozeß ästhetischer Rezeption und Produktion, der sich in der Aktualisierung literarischer Texte durch den aufnehmenden Leser, den reflektierenden Kritiker und den selbst wieder produzierenden Schriftsteller vollzieht« (S. 172).

Wie die kritischen Beurteilungen von Mandelkow, Weimann, Naumann, und neuerdings Bertau deutlich machen, muß allerdings entschieden bezweifelt werden, ob die Einlösung dieses Versprechens auch tatsächlich gelingt.

Indem Jauß ausdrücklich an »Literatur in der ihr eigenen Geschichtlichkeit« (*Jauß*, S. 173) festhält und zu einer Gegenüberstellung von literarischem und politischem »Ereignis« kommt, reißt er erneut den Gegensatz von Literatur und Geschichte auf und schlägt sich selbst auf die Seite der Literatur. So kann man Naumann nur zustimmen, wenn er die auf Jauß sich stützende bürgerliche Rezeptionsästhetik kritisiert als »eine methodologische Ergänzung der immanenten Literaturbetrachtung durch eine immanent aufgefaßte Rezeptionsgeschichte« (*Naumann*, S. 143). Bertau sieht das prinzipiell Ahistorische in Jauß' Ansatz darin, daß dieser in seiner Theorie »von der Verfassung des gegenwärtigen Subjekts absieht« (*Bertau*, S. 32) und somit unterstellt, es gäbe so etwas wie einen von der »gesellschaftliche[n] Zwangssituation des erkennenden Subjekts« (S. 32) unabhängigen Dialog zwischen Leser und Werk. »Das Literatur und Geschichte erkennende Subjekt bleibt selbst gegen besseren Willen den Alternativen anheimgegeben, die sich aus der bürgerlichen Subjektstruktur der französischen Menschenrechte ergaben: Arbeitswelt und Eigensein, Leben und Geist, Historisches und Überhistorisches, Öffentlichkeit und Innerlichkeit, positives Faktenwissen und Deutung, Lebenspraxis und utopische Schatzkammer« (S. 33).

Naumanns und Bertaus Kritik machen deutlich, daß die rezeptionsästhetische Theorie in dialektischer Weise gerade das reproduziert, was sie überwinden will: die Kluft zwischen Literatur und Geschichte. Sie erweist damit in besonders deutlicher Form, daß es nicht die methodische Raffinesse des bürgerlichen Theoretikers sein muß, die über den kalkulierten Widerspruch alles beim Alten läßt, sondern daß sich das ideologische Rechtfertigungssystem trotz aller gegenteiligen Intentionen immer reproduzieren muß, solange seine Voraussetzungen selbst nicht geprüft werden.

Literatur:
Zur Methodengeschichte der Germanistik:
1. Einzelarbeiten:
Horst Oppel: Methodenlehre der Literaturwissenschaft. In: Deutsche Philologie im Aufriß. Berlin 1952. ²1957, Bd. 1. S. 39–82.
Robert Weimann: ›New Criticism‹ und die Entwicklung bürgerlicher Literaturwissenschaft. Geschichte und Kritik neuer Interpretationsmethoden. Halle 1962 (jetzt auch: München ²1974, rev.).
Claus Träger: Sozialistische Ideologie und bürgerlicher Dogmatismus in der Literaturwissenschaft. In: Studien zur Literaturtheorie und vergleichenden Literaturgeschichte. Leipzig 1970. S. 7–26. (Zuerst und ungekürzt in: Wiss. Zeitschrift der Karl-Marx-Universität Leipzig 15, 1966, Gesellschafts- und sprachwiss. Reihe, Heft 1, S. 171–178).
Eberhard Lämmert: Germanistik – eine deutsche Wissenschaft. In: Germanistik – eine deutsche Wissenschaft. Frankfurt 1967, S. 7–42.
Jost Hermand: Synthetisches Interpretieren. Zur Methodik der Literaturwissenschaft. München 1968, ⁴1973.

Michael Pehlke: Aufstieg und Fall der Germanistik – von der Agonie einer bürgerlichen Wissenschaft. In: Ansichten einer künftigen Germanistik. München 1969, S. 18–44.

Paul Gerhard Völker: Die inhumane Praxis einer bürgerlichen Wissenschaft. In: Methodenkritik, S. 40–73.

Franz Gress: Germanistik und Politik. Kritische Beiträge zur Geschichte einer nationalen Wissenschaft. Stuttgart 1971.

Karl Riha: Literaturwissenschaft als Geistesgeschichte In: Zur Kritik literaturwissenschaftlicher Methodologie. Hrsg. von Victor Žmegač und Zdenko Škreb. Frankfurt 1973, S. 75–94.

2. Aufsatzsammlungen:

Falschmünzer der Literatur. Zur Kritik bürgerlicher und revisionistischer Literaturanschauungen. (Von einem russischen Autorenkollektiv). Berlin (DDR) 1962.

Ansichten einer künftigen Germanistik. Hrsg. von Jürgen Kolbe. München 1969.

Methoden der deutschen Literaturwissenschaft. Eine Dokumentation. Hrsg. von Victor Žmegač. Frankfurt 1971.

Neue Ansichten einer künftigen Germanistik. Probleme einer Sozial- und Rezeptionsgeschichte der Literatur. Hrsg. von Jürgen Kolbe. München 1973.

Germanistik und deutsche Nation 1806–1848. Zur Konstitution bürgerlichen Bewußtseins. Hrsg. von Jörg Jochen Müller. Stuttgart 1974.

3. Bibliographie:

Topographie der Germanistik. Standortbestimmungen 1966–1971. Eine Bibliographie. Mit einem Vorwort von Wolfgang Bachofer. Hrsg. von Gisela Herfurth u. a. Berlin 1971, S. 45–48.

Zur Krise der Literaturgeschichtsschreibung:

1. Bürgerliche Selbstkritik:

Karl Viëtor: Deutsche Literaturgeschichte als Geistesgeschichte. Ein Rückblick. In: PMLA 60 (1945), S. 899–916.

Werner Milch: Über Aufgaben und Grenzen der Literaturgeschichte. In: Abhandlungen der Akademie Mainz 1950, S. 53–77.

Hans Egon Hass: Literatur und Geschichte. In: Neue Deutsche Hefte 5 (1968), S. 307–318.

Benno von Wiese: Geistesgeschichte oder Interpretation? Bemerkungen zur Lage der zeitgenössischen deutschen Literaturwissenschaft. In: Die Wissenschaft von deutscher Sprache und Dichtung. Festschrift für Friedrich Maurer. Stuttgart 1963, S. 239–261.

Horst Rüdiger: Zwischen Geistesgeschichte und Interpretation. Zur gegenwärtigen Situation in der deutschen Literaturwissenschaft. In: Euph. 57 (1963), S. 227–244.

Friedrich Sengle: Aufgaben und Schwierigkeiten der heutigen Literaturgeschichtsschreibung. In: Archiv 200 (1963), S. 241–264. [Fortführung der

Gedanken, die S. zuerst in »Zur Einheit von Literaturgeschichte und Literaturkritik« in DVjs 34, 1960, S. 327–337, entwickelte.]

Hans Robert Jauß: Literaturgeschichte als Provokation der Literaturwissenschaft [1967]. In: Literaturgeschichte als Provokation. Frankfurt 1970, S. 144–207. (Verweis auf weiterführende Lit.: S. 144 f.)

Harald Weinrich: Für eine Literaturgeschichte des Lesers. In: Merkur 21 (1967), S. 1026–1038.

Karl Robert Mandelkow: Probleme der Wirkungsgeschichte. In: Jahrbuch für Internationale Germanistik 2 (1970), H. 1, S. 71–84.

Max Wehrli: Gibt es eine deutsche Literaturgeschichte? In: ebda., S. 13–24.

Fritz Martini: Fragen der Literaturgeschichtsschreibung. In: ebda., S. 47–54.

Karl Tober: Das Verhältnis von Dichtung und Gesellschaft im Licht des Epochenproblems. In: Dichtung. Sprache. Gesellschaft. Akten des IV. Internationalen Germanisten-Kongresses 1970 in Princeton. Hrsg. von Victor Lange und Hans-Gert Roloff. Frankfurt 1971, S. 21–28.

Karl Otto Conrady: Reminiszenzen und Reflexionen. In: Wie, warum und zu welchem Ende wurde ich Literaturhistoriker? Hrsg. von Siegfried Unseld. Frankfurt 1972, S. 39–78.

Karl Bertau: Literatur und Geschichte. In: Deutsche Literatur im europäischen Mittelalter. Bd. 1, München 1973, S. 21–38.

2. Marxistische Kritik:

Benjamin: Lit.gesch., S. 450–456.

Ders.: Thesen., S. 268–279.

Leo Löwenthal: Das gesellschaftliche Bewußtsein in der Literaturwissenschaft [1932]. In: Erzählkunst und Gesellschaft. Neuwied und Berlin 1971, S. 23–39.

Paul Reimann: Legendenbildung und Geschichtsfälschung in der deutschen Literaturgeschichte [1928/48]. In: Über realistische Kunstauffassung. Berlin ⁴1952, S. 193–234. [Kritik an Gundolf sowie an der bürgerlichen Klassiklegende]

Werner Krauss: Literaturgeschichte als geschichtlicher Auftrag [1950]. In: Studien und Aufsätze. Berlin (DDR) 1959, S. 19–71.

Georg Lukács: Die Zerstörung der Vernunft [1954]. Neuwied und Berlin 1962. Jetzt: Slg. Luchterhand 133, 138 und 146.

Weimann: S. 11–46.

Pepperle: S. 181–186.

Claus Träger: Zwischen Interpretationskunst und ›Materialistischer‹ Literaturwissenschaft. In: Studien zur Realismustheorie und Methodologie der Literaturwissenschaft. Frankfurt 1972, S. 249–369 [u. a. Kritik an Staiger und Hermand].

Dau: S. 67–98.

Robert Weimann: ›Rezeptionsästhetik‹ und die Krise der Literaturgeschichte. In: WB 19 (1973), H. 8, S. 5–33.

Gesellschaft – Literatur – Lesen. Literaturrezeption in theoretischer Sicht. Hrsg. von Manfred Naumann u. a. Berlin und Weimar 1973 (zitiert als: *Naumann*).

Norbert Mecklenburg/Harro Müller: Erkenntnisinteresse und Literaturwissenschaft. Stuttgart u.a.1974 [vom Standpunkt der Kritischen Theorie].

3. Sammlungen:
Zur Kritik literaturwissenschaftlicher Methodologie. Hrsg. von Viktor Žmegač und Zdenko Škreb. Frankfurt 1973.

3. Literaturgeschichtsschreibung, die es in ihrer Praxis nicht zum »Exorzismus von Geschichte« (*Benjamin*, Lit.gesch., S. 456) kommen lassen und die Indienstnahme durch Herrschaftsinteressen verhindern will, muß sich als materialistische Wissenschaft begreifen. Ihr Gegenstand ist Literatur, deren Verhältnis zur Geschichte sich nicht wie in der bürgerlichen Wissenschaft dualistisch bestimmt (Literatur *und* Geschichte, wobei Literatur autonom und Bestandteil einer anderen Wirklichkeit bleibt), sondern dialektisch: Literatur *als* Geschichte; d. h. Literatur hängt, als »Produkt einer besonderen Form gesellschaftlicher Arbeit, in ihren Möglichkeiten stets vom System gesellschaftlicher Praxis ab, das wesentlich von der Produktionsweise des materiellen Lebens bestimmt ist« (*Warneken*, S. 79), und ist doch zugleich eine spezifische Form »eingreifender Praxis« (*Richter*, S. 230). Richter stellte 1974 noch einmal ganz deutlich heraus, daß es bei der materialistischen »Arbeit an Literatur nicht um deren unmittelbare Instrumentalisierung für den ökonomischen Kampf oder die Erstellung sozialgeschichtlicher Belegstellenkataloge geht« (S. 21), sondern um mehr: »Die Arbeit an Literatur vollzieht sich also in Form einer folgenreichen Auseinandersetzung zwischen dem Werk (und seiner Zeit) und dem Leser (und seiner Zeit), nicht als bloße Rezeption und Interpretation eines immer schon vorgegebenen quasi objektiven Werk-Zusammenhangs. Auf jeder der beiden Seiten verändert sich etwas« (ebda., S. 23).

Diesen dialektischen Charakter der Literatur hat die bürgerliche Literaturwissenschaft in ihrer Krisenkritik immer wieder verfälscht und der materialistischen Wissenschaft einen platten Ökonomismus unterstellt. Nun ist nicht zu bestreiten, daß die unter den Bedingungen des praktischen politischen Kampfes (vgl. dazu *Gallas*, S. 22) sich entwickelnde historisch-materialistische Literaturwissenschaft interessierter Seite Anlaß zu solcher Kritik geben konnte, war es doch zumindestens bis etwa 1930, solange die literaturtheoretischen Texte von Marx, Engels, Mehring und Plechanow nur unvollständig ediert waren, verhältnismäßig leicht, Vulgärmarxismus als Marxismus hinzustellen. Doch auch seit den Editionen, seit der Lukács-Brecht-Debatte 1934–1938 über die Probleme der Widerspiegelung, des Realismus und der Dekadenz, seit der Diskussion in der DDR um den Sozialistischen Realismus sowie vor allem seit der ab Mitte der 60er Jahre in den »Weimarer Beiträgen« geführten Auseinandersetzung um die Stellung und Funktion von Kunst im Basis-Überbau-Zusammenhang (relative Eigenbewegung der Kunst, Kunst als Erkenntnis/Aneignung, abbildende und bildende Funktion der Kunst usw.), ließ sich immer ein Beleg dafür finden, daß marxistische Literaturwissenschaft erkenntnistheoretisch einen mechanistischen bzw. undialektischen Materialismus vertrete, der in seiner Parteilichkeit wissenschaftlich unseriös und in seinem einseitigen methodischen Vorgehen für die Literaturgeschichte untauglich sei (vgl. dazu *Gansberg*, S. 10 ff.).

Zur Einschätzung der äußerst vielgestaltigen Debatte über das Basis-Überbau-Verhältnis sowie das Problem der Widerspiegelung in der westdeutschen materialistischen Literaturwissenschaft gehört vorgängig eine Analyse der polit-ökonomischen Situation der BRD und der davon bestimmten Lage der Linken, ihrer Fraktionen und Programme, was hier allerdings nicht geleistet werden kann (vgl. jedoch dazu Richter, 1974, S. 17 f.). Wenn in Anbetracht dessen eine Zusammenfassung überhaupt problematisch ist, so können doch folgende Hinweise nützlich sein:

a) Der Vorwurf des Ökonomismus in der marxistischen Kunsttheorie ist *noch nicht* dadurch entkräftet, daß man sich auf Marx' Vorwort zur »Kritik der politischen Ökonomie« (1859) und Engels' Brief an Starkenburg (1894) stützt. Beide Quellen lassen – für sich genommen – durchaus mechanistische Folgerungen zu, und diese sind bis heute immer wieder gezogen worden.

Entscheidend ist, das Basis-Überbau-Modell nicht dualistisch als bloßen Ursache-Wirkung-Zusammenhang aufzufassen, sondern dialektisch als Prozeß-Zusammenhang (vgl. dazu *Richter*, S. 223 ff.). Dann nämlich ist die Kunst ein »materiales Element der gesellschaftlichen Totalität«, das nicht auf Widerspiegelung funktionalisiert werden kann, sondern »als wirkende[r] Faktor dieser Realität selbst, als gesellschaftliche Kraft« (*Richter*, S. 225) verstanden werden muß.

b) Der Vorwurf des ›linken Idealismus‹ bzw. der ›marxistischen Methodologie‹ muß immer dann erhoben werden, wenn eine »Verselbständigung des erkenntnistheoretischen Interesses, der die ›transzendentale Geringschätzung‹ (Marx) der Klassenkämpfe zugrundeliegt« (Autorenkollektiv. S. III), vorliegt. Das mag für ›progressive‹ methodische Richtungen wie den Strukturalismus oder die Literatursoziologie bzw. die Sozialgeschichte vor allem dann verhältnismäßig zweifelsfrei zu bestimmen sein, wenn sich nachweisen läßt, daß lediglich ein Austausch der Argumentationsweise stattgefunden hat, d. h. an die Stelle alter idealistischer Inhalte und Methoden neue, sogenannte materialistische gesetzt wurden.

Qualitativ entscheidend für die materialistische Wissenschaft ist die Absage daran, wissenschaftliches Tun als Arbeit *für sich,* als Tätigkeit mit selbständigen Erkenntnisinteressen und -zielen zu begreifen; sie ist vielmehr integrierter Bestandteil einer allgemeinen Erkenntnistheorie, die sich darin vor allem vom idealistischen Ansatz unterscheidet, daß sie »sowohl die Methode zur Analyse der Realität und zur Ausarbeitung der Strategien ihrer Veränderung als auch die praktische Vorbereitung dieser Veränderung, also politisches Handeln« (*Fülberth*, S. 32) beinhaltet. Freilich gibt es nicht *die* Methode schlechthin, und die verschiedenen Formen von materialistischer Wissenschaft differenzieren sich danach, ob die ihnen zugrundeliegende politische Theorie im streng marxistisch-leninistischen Sinne rigide eine Verknüpfung mit der »aktuellen Praxis der Arbeiterbewegung« (so z. B. das Westberliner Autorenkoll., S. III) verlangt oder ob sie im Sinne eines demokratischen Sozialismus bzw. Antikapitalismus angeschlossen ist an die »Beurteilung realhistorischer Entwicklungen und Möglichkeiten im Bereiche der gesellschaftlichen Basis, der aktuellen politischen Kämpfe für eine sozialistische Demokratie *und* der parteilichen Teilnahme an ihnen« (*Richter*, S. 233; vgl. ebenso *Mattenklott/Schulte*, 1973). Solche Unterscheidungen, hervorgegangen aus den aktuellen Fraktionskämpfen der sozialistischen Linken, gehören ebenso dringlich zur (zweifellos noch nicht abgeschlossenen) Selbstverständigung wie die notwendigen Abgrenzungen zur Kritischen Theorie und zur DDR-Literaturwissenschaft, die im folgenden kurz skizziert werden sollen.

4. Materialistische Literaturgeschichtsschreibung schickt sich nicht mit dem Erkenntnisziel ins Museum, darzustellen, ›wie es denn eigentlich gewesen ist‹: derartige Archäologie bleibt das Credo bürgerlicher Philologie, die mit Sengle noch jüngst behauptete: »Wozu aber überhaupt Geschichte, wenn wir nicht bereit sind, den magischen Kreis des Modernen zu durchbrechen, zu relativieren und, ohne Angst vor der nötigen Umstellung, in ein anderes, fremdes Land zu gehen?« (*Sengle*, I, S. VIII).

Materialistische Literaturgeschichte verlangt eine über den Standpunkt der Gegenwart vermittelte »Korrelation von Vergangenheit und Zukunft« (*Weimann*, S. 29) – ein Akt, der in sich einschließt ein Konzept, das eine möglichst umfassende Antwort über Entwicklung und Richtung des Geschichtsprozesses zu geben vermag. Dieses auch mit dem Begriff ›Erkenntnisinteresse‹ zu bezeichnende Konzept wird in *jeder* Vergangenheitsrezipierung relevant, in der vorgeblich rein an der »Sache« orientierten alten Philologie ebenso wie in der offen parteilichen marxistischen Wissenschaft: »Denn wenn es richtig ist«, so führt dazu *Conrady* im Sinne Richters aus, »daß Texte an ihrem Ursprungsort sowohl als Zeugnisse als auch als Faktoren, als wirkende Momente der Geschichte zu verstehen sind, dann kann ich sie als gegenwärtig fortwirkende Kraft (...) nur rezipieren, wenn sie in dem von mir als sinnvoll erkannten, gewünschten und zu befördernden geschichtlichen Prozeß Bedeutung zu gewinnen vermögen« (S. 57).

Wenn im folgenden – zugegebenermaßen pauschal insofern, als nicht immer die verschiedenen Spielarten berücksichtigt werden können – zwischen bürgerlich-idealistischer und materialistischer (marxistischer) Wissenschaft unterschieden wird, so bezieht sich die Differenz primär auf das Erkenntnisinteresse und sodann auf die daran angeschlossene Methode. Bestimmt man allerdings, wie es Conrady tut, dieses Erkenntnisinteresse sehr allgemein, tritt dieser Unterschied nur in verzerrter Weise hervor: der idealistische Ansatz erscheint dann als der vernünftigere, rationalere gegenüber dem »irrationalen« materialistischen Ansatz. Das nämlich geschieht, wenn man als den »gewünschten sinnvollen Prozeß von Geschichte« jenen Humanität befördernden Prozeß erklärt, dessen Ziel es ist, »den Menschen aus der selbstverschuldeten Unmündigkeit und aus aufhebbaren Zwängen herauszuführen und jegliche Gesellschaft so einzurichten, daß ihm der Freiheitsraum gesichert ist, sich seinen Fähigkeiten entsprechend ganz verwirklichen und in herrschaftsfreier Kommunikation leben zu können« (*Conrady*, S. 58). Der Unterschied zwischen bürgerlich-idealistischer und materialistischer Wissenschaft tritt erst bei der Frage zutage, welche (aktive oder passive) Rolle der Mensch als Subjekt dieses Geschichtsprozesses und welche (gesetzmäßige oder schicksalhafte) Rolle (veränderbare oder unveränderbare) gesellschaftliche Verhältnisse dabei spielen.

Bürgerliche Wissenschaft tendiert in dieser Frage zur kontemplativen Befriedung, zur Lösung der Widersprüche im Kopf – mit all den hier nicht näher zu beschreibenden Folgen, auch jenen, die das ursprünglich humane Ziel diskreditieren. Als Kritische Wissenschaft (meist um die Kritische Theorie bzw. die durch Habermas korrigierte Gadamer'sche Hermeneutik gruppiert) läßt sie sich zwar näher mit den gesellschaftlichen Verhältnissen ein, bleibt aber dem Ziel einer durch kritische Vernunft *erzogenen* »Verständigungsgemeinschaft« verpflichtet. »Zwar ist solche Verständigungsgemeinschaft«, so rechtfertigt dies Conrady, »selbst noch in dem Verblendungszusammenhang des schlechten Bestehenden befangen, aber in ihrem Kreise trachtet sie, kritisierend und kritisierbar zugleich, im Versuch einer herrschaftsfreien Kommunikation etwas von dem zu erlangen, was emphatisch das *richtige Bewußtsein* genannt wird« (S. 67, Hervorhebung von P. S.). Materialistische Wissenschaft, wie sie hier gefordert wird, hebt diesen Anspruch dialektisch in sich auf, indem sie ihn zu Ende denkt, d. h. *praktisch* macht. »Bezugspunkt des dialektischen Wissenschaftsbegriffs ist die ›umwälzende Praxis‹ [Marx in der dritten Feuerbachthese] als konkrete Form der Totalität. Nicht daran allein ist auch eine materialistische Literaturgeschichtsschreibung zu messen, daß Geschichte vom Standpunkt des Materialismus aus neu (und richtig) beschrieben werden kann, sondern: ob und in welcher Form dieses Unterfangen *zugleich* in der jeweiligen konkreten geschichtlichen Situation notwendiger und brauchbarer Bestandteil verändernder Praxis ist« (*Richter*, S. 232). Die umwälzende bzw. verändernde Praxis muß *nicht* – dies sei ausdrücklich gegen Conrady vermerkt – *notwendig* revolutionär bzw. gewaltsam sein.

Soviel zur Abgrenzung des materialistischen Erkenntnisinteresses gegenüber (links-)bürgerlichem Interesse, die notwendigerweise den fachwissenschaftlichen Rahmen übersteigen mußte. Eine zweite, wichtige Abgrenzung betrifft den Unterschied zwischen materialistischer Literaturwissenschaft, die in einem kapitalistischen Staat naturgemäß Oppositionswissenschaft ist, und einer Literaturwissenschaft in gesellschaftlichem Auftrag, wie sie in einem sozialistischen Staat definiert wird: das zeigt sich deutlich in der unterschiedlichen Akzentuierung der Traditionswahl sowie in der daraus folgenden Perspektive für die Zukunft, wie sie z. B. von materialistischen Literaturwissenschaftlern in der BRD und der DDR vorgenommen werden.

a) Für den Literarhistoriker in der DDR ist die Beschäftigung mit der Literaturgeschichte, ausgehend vom Standpunkt der durch die sozialistische Revolution siegreichen Arbeiterklasse, eine Aneignung des »Erbes«, das sowohl die frühen Zeugnisse einer demokratischen und sozialistischen Kultur als auch die fortschrittlichen Elemente der bürgerlichen Kultur umfaßt. Funktion dieser Aneignung ist, wie schon Lenin in seiner Theorie der zwei Kulturen ausführlich darlegte, durch das Bewahren des Vergangenen die Fähigkeit zu kräftigen, die (bestehende) sozialistische Kultur fortzuentwickeln. (Vgl. dazu näher: *Weimann*, S. 39–46; *Naumann*, S. 405–409; *Dau*, S. 67–72) Diese – hier abstrakt referierte – Position erfährt konkrete Beeinflussung durch die aktuellen Probleme, die nicht »nur der Aufbau der entwickelten sozialistischen Gesellschaft, sondern auch die neuen Akzente in der internationalen ideologischen Klassenauseinandersetzung« (*Dau*, S. 72) vor allem seit Mitte der 60er Jahre aufgeben. Dabei oszilliert die Diskussion zwischen der Abwehr »der ideologischen Diversion« (ebda., S. 72) durch linksbürgerliche, radikal-demokratische und bestimmte sozialistische Strömungen (vgl. z. B. die verstärkte Abgrenzung der DDR-Literaturwissenschaft gegenüber den literaturgeschichtlichen Konzepten von Hermand, Scherpe, Vaßen u. a. in den »Weimarer Beiträgen«) und dem Versuch der Aneignung solcher Konzepte als »Bündnispotenzen« (*Dau*, S. 71).

b) Für den materialistischen Literarhistoriker in der BRD gilt in seiner Beschäftigung mit Literaturgeschichte prinzipiell, daß er keine bestimmte sozialistische Kultur mit ihren Implikaten vor sich hat (allenfalls mehrere) und er deshalb seine Wissenschaft im Kontext des kapitalistischen Verwertungszusammenhanges reflektieren muß. Die frühe Kritische Theorie glaubte ihren Protest dagegen in der Abwertung des geschichtlichen Erbes als ›affirmativ‹ und in der Empfehlung der »Weigerung« (*Marcuse*) als Praxis ausgeben zu können, übersah aber, daß sie damit selbst »affirmativ im Sinne der spätbürgerlichen Kultur wirkte, deren Wesen unter anderem ja gerade die Zurücknahme und die Diffamierung dieses Erbes fordert« (*Naumann*, S. 404) – eine Position, die Marcuse in seiner jüngsten Schrift freilich selbst relativiert. Der materialistische Literarhistoriker geht dialektisch vor: mit den Mitteln seines Faches, als Teil einer Gesamtbewegung, setzt er »das Erbe der Vergangenheit zu einem mächtigen Zeugen gegen die Gegenwart und zu einer Anweisung auf die Herstellung einer besseren Zukunft« (*Mattenklott/ Schulte*, S. 101) in Bewegung.

Dabei bewegt er sich auf einem schmalen Grat. Auf der einen Seite droht ihm die Vereinnahmung durch die Anpassungsstrategien jener bürgerlich- »progressiven« Literaturwissenschaft, die versucht, »die bürgerliche Aufstiegsphase auf ahistorische und im Grunde perspektivlose Weise zu aktualisieren, wobei eine Traditionslinie von der Aufklärung, von den deutschen Jakobinern über den Vormärz bis zur gegenwärtigen Situation in der Bundesrepublik gezogen wird, einer Situation, die man durch Aufnahme von Gedankengut aus dieser Zeit glaubt verändern zu können« (*Pepperle*, S. 182 f.). Auf der anderen Seite kann er leicht seinen spezifischen Standpunkt verlieren, d. h. materialistischer Wissenschaftler zu sein, dessen Praxis unter bürgerlich-kapitalistischen Bedingungen stattfindet, wenn er sich fortwährend gegen den Vorwurf wehren muß, auch er affirmiere diese Bedingungen nolens volens – es sei denn, er übernehme den Standpunkt des DDR-Literaturwissenschaftlers.

Literatur:

1. Zur marxistischen Ästhetik:

a) Sammlungen:

Karl Marx/Friedrich Engels: Über Kunst und Literatur. In zwei Bänden. Hrsg. von Manfred Kliem. Berlin 1967.

Marxismus und Literatur. Eine Dokumentation in drei Bänden. Hrsg. von Fritz J. Raddatz. Reinbek 1969.

Literatur im Klassenkampf. Zur proletarisch-revolutionären Literaturtheorie 1919–1923. Eie Dokumentation. Hrsg. von Walter Fähnders und Martin Rector. München 1971. Jetzt: Fischer-Taschenbuch Nr. 1439.

Parteilichkeit der Literatur oder Parteiliteratur? Materialien zu einer undogmatischen marxistischen Ästhetik. Hrsg. von Hans Christoph Buch. Reinbek 1972.

(Ausführliche Bibliographie in den drei letztgenannten Dokumentationen.)

b) Einzelarbeiten:

Hans Koch: Marxismus und Ästhetik. Zur ästhetischen Theorie von Karl Marx, Friedrich Engels und Wladimir Iljitsch Lenin. Berlin (DDR) 1962.

Karel Kosík: Die Dialektik des Konkreten. Frankfurt 1967.

Peter Demetz: Marx, Engels und die Dichter. Ein Kapitel deutscher Literaturgeschichte. Frankfurt, Berlin 1969. (In veränderter Form zuerst 1959.)

Paul Gerhard Völker: Skizze einer marxistischen Literaturwissenschaft. In: Methodenkritik, S. 74–132.

Helga Gallas: Marxistische Literaturtheorie. Kontroversen im Bund proletarisch-revolutionärer Schriftsteller. Neuwied, Berlin 1971. (Ausführliche Bibliographie S. 240–249.)

Claus Träger: Die Marx-Leninsche Methode und die Literatur- und Kunstwissenschaften. In: Studien zur Realismustheorie und Methodologie der Literaturwissenschaft. Frankfurt 1972, S. 370–436.

2. Zur materialistischen Literaturtheorie:

Weimann: S. 11–46.

Marie Luise Gansberg: Zu einigen populären Vorurteilen gegen materialistische Literaturwissenschaft. In: Methodenkritik, S. 7–39.

Thomas W. H. Metscher: Hegel und die philosophische Grundlegung der Kunstsoziologie. In: Literaturwissenschaft und Sozialwissenschaften. Grundlagen und Modellanalysen. Stuttgart 1971, ²1972, S. 13–80.

Peter Hahn: Kunst als Ideologie und Utopie. Über die theoretischen Möglichkeiten eines gesellschaftsbezogenen Kunstbegriffs. In: ebda., S. 151–234.

Autorenkollektiv sozialistischer Literaturwissenschaftler Westberlins: Zum Verhältnis von Ökonomie, Politik und Literatur im Klassenkampf. Grundlagen einer historisch-materialistischen Literaturwissenschaft. Berlin 1971 [Standpunkt des KSV].

W. Girnus, H. Lethen, F. Rothe: Von der kritischen zur historisch-materialistischen Literaturwissenschaft. Vier Aufsätze. Berlin 1971 [Standpunkt des KSV].

Richter: S. 216–234.

Georg Fülberth: Materialistische Literaturtheorie und politische Praxis. In: alternative 82 (1972), S. 32–37.

Manfred Naumann: Zum Begriff des Erbes in der Kulturtheorie Lenins. In: Revolution und Literatur. Zum Verhältnis von Erbe, Revolution und Literatur. Frankfurt 1972, S. 377–409.

Gert Mattenklott/Klaus Schulte: Literaturgeschichte im Kapitalismus. Zur Bestimmung demokratischer Lehrinhalte in der Literaturwissenschaft. In: Neue Ansichten einer künftigen Germanistik. München 1973, S. 75–101.

Bernd Jürgen Warneken: Autonomie und Indienstnahme. Zu ihrer Beziehung in der Literatur der bürgerlichen Gesellschaft. In: Rhetorik, Ästhetik, Ideologie. Aspekte einer kritischen Kulturwissenschaft. Stuttgart 1973, S. 79–116.

Gesellschaft – Literatur – Lesen: Literaturrezeption in theoretischer Sicht. Hrsg. von Manfred Naumann u. a. Berlin, Weimar 1973.

Ulrich Schmitz/Peter F. Schütze: Materialismus und Praktokritizismus. Eine Antwort auf Dieter Richter: Geschichte und Dialektik. in der materialistischen Literaturtheorie. In: alternative 94 (1974), S. 5–15.

Dieter Richter: Widerspiegeln oder den Spiegel vorhalten? In: alternative 94 (1974), S. 16–23 [Entgegnung auf Schmitz/Schütze].

1.2. Zielsetzung

1. Ziel – 2. Auswahlprinzip – 3. Kritik der Kontinuität

1. Aus den vorstehenden Ausführungen ergeben sich bestimmte Konsequenzen für die Zielsetzung des vorliegenden Realienbuches. Dazu gehört, daß neben der allgemeinen Formulierung materialistischen literaturgeschichtlichen Erkenntnisinteresses auch das beson-

dere Interesse benannt wird, das unter dem Titel »Epochenproblem Vormärz« verfolgt wird. Zweifellos enthält der Titel eine Provokation, denn nicht nur ist der Begriff »Vormärz« als literaturgeschichtliche Epochenbezeichnung bis heute ungeklärt, die literarhistorische Periodisierung selbst ist in die Krise geraten. Der vorliegende Band begnügt sich nicht, bloß Dokument dieser verfahrenen Situation zu sein, sondern setzt sich zum Ziel, den Begriff »Vormärz« als Epochenbegriff materialistisch zu begründen, in die Forschung einzuführen und die vordringlichen Forschungsaufgaben zu entwickeln.

2. »Realienband« im konventionellen Sinne kann dieses Buch daher nur dort sein, wo bereits bestehende Ansätze referiert bzw. kontroverse Standpunkte in dieser Frage diskutiert werden. Bericht und Kritik müssen dabei ansetzen beim Problem der literarhistorischen Periodisierung; erst dann können die Frage der Epochenbezeichnung und daran anschließend die einzelnen Probleme der literarhistorischen Epochendarstellung behandelt werden. Mag der bürgerliche Literarhistoriker von der Fülle der hier in Frage kommenden Literatur erschlagen werden bzw. sie durch gesteigerte Askese zu bewältigen suchen, Vollständigkeit würde nicht nur noch mehr verwirren, sondern auch verfälschen, denn: »erst der erlösten Menschheit ist ihre Vergangenheit in jedem ihrer Momente zitierbar geworden« (*Benjamin*, Thesen, S. 269). Bis dahin ist es noch weit. Unterdessen muß ausgewählt werden nach dem Kriterium der Brauchbarkeit, die definiert ist durch das leitende Erkenntnisinteresse und die Zielsetzung der Untersuchung. Das bedeutet konkret: Berücksichtigung findet

a) Literatur, die von einem materialistischen Ansatz ausgehend die Vormärz-Epoche zu begründen versucht (das sind fast ausnahmslos Arbeiten, die erst nach 1945, vor allem seit den 60er Jahren erschienen sind);

b) Literatur, die zu einer derartigen Epochenbegründung Vorarbeiten leistete, sei es durch Bereitstellung von Materialien bzw. Erkenntnissen, sei es durch die Methode (hier kommen auch Arbeiten, die vor 1945 erschienen sind, in Frage);

c) Literatur, die durch ihren zum vorliegenden Forschungsinteresse ausdrücklich entgegengesetzten, aktuellen Charakter die Diskussion fordert (das sind, wie z. B. die Epochendarstellung »Biedermeierzeit« von Friedrich Sengle, in der Regel Arbeiten, die nach 1945 erschienen sind).

Mit diesem Auswahlprinzip ist zugleich auch eine klare Abgrenzung gegenüber der Hydra der Biedermeierforschung beabsichtigt. Da deren Prämissen, wie noch im einzelnen begründet werden wird, abzulehnen sind, können deren Ergebnisse nur dann berücksichtigt werden, wenn sie sich davon ablösen lassen.

3. Die Beschränkung auf neuere Arbeiten – notwendige Konsequenz des materialistischen Ansatzes – mag von denen als »orthodoxe Besserwisserei« beklagt werden, die mit Sengle in der Kritik der überkommenen Praxis des Faches eine »Verewigung der Diskontinuität« (*Sengle*, I, S. 197) fürchten. Allerdings, zur Kontinuität der traditionellen Literarhistorie will dieser Band an den in Kap. 1.1. genannten Gründen nicht beitragen. Zudem – so läßt sich in Abwandlung eines Benjamin-Wortes sagen – ist das, was an Überliefertem in diesem Fache aufbewahrt wird, von nicht unproblematischer Abkunft. »Es dankt sein Dasein nicht nur der Mühe der großen Genien [sprich: Ordinarien], die es geschaffen haben, sondern auch der namenlosen Fron ihrer Zeitgenossen (sprich: Assistenten/Studenten]. Es ist niemals ein Dokument der Kultur, ohne zugleich ein solches der Barbarei [sprich: Ausbeutung] zu sein. Und wie es selbst nicht frei ist von Barbarei, so ist auch der Prozeß der Überlieferung nicht, in der es von dem einen an den andern gefallen ist.« (*Benjamin*, Thesen, S. 271f.) Das schließt den »Respekt vor redlichen Vorgängern« (*Sengle*, I, S. 197) nicht aus, versagt ihn jedoch entschieden dem wissenschaftlichen Ausbeutungssystem, in dem jene produzierten.

2. Geschichte und Probleme der Vormärz-Forschung

2.1. Problematik der Epochenbezeichnung »Vormärz«

2.1.1. Zum Problem der literarhistorischen Periodisierung

1. Problem der Periodisierung im Kontext der Fachgeschichte – 2. Periodisierungsarten – 3. Inflation der Epochenbegriffe – 4. Wissenschaftliche Nomenklatur

1. Da das Problem der Periodisierung als eines der zentralen Probleme literaturgeschichtlicher Forschung betrachtet werden kann, wiederholt sich in der Diskussion über die literarische Epoche/Periode die Auseinandersetzung über das Verhältnis von Literatur und Geschichte und prägt darin zugleich deren Theorie. In der Kritik dieser Theorie (wie auch der praktischen Folgerungen) kommt es daher darauf an, die Stellungnahmen zum *Problem der Periodisierung* im Kontext der Fachgeschichte zu sehen, deren Krise bereits oben dargestellt worden ist (vgl. 1.1.).

So ist R. M. Meyers Aufsatz zur Periodisierung in der Literaturgeschichte (1901) als ein Dokument des Positivismus zu betrachten, das schon wenig später gegenüber den Ansätzen Diltheys und seiner Nachfolger als veraltet galt. Die geistesgeschichtliche Richtung fand, was ihre Epochentheorie betrifft, in Cysarz (1930) ihren extremsten Ausdruck, bei dem die Perioden zu »Wesensformen« transzendiert werden. Wieses Kritik (1933) gilt diesem »kropfartigen Auswuchs der Geistesgeschichte« (*Weisstein*, S. 125), nicht aber dem geistesgeschichtlichen Ansatz selbst. Der gerät erst nach 1945 ins Kreuzfeuer und zwar zunächst bei Teesing (1948). Wenn Teesing sich ausführlich mit den Gegnern (literatur)geschichtlicher Periodisierung seit Croce auseinandersetzt, so zeigt das seinen historischen Ort zwischen Geistesgeschichte und Ahistorismus der aufkommenden Werkinterpretation. Dennoch gilt Teesings Untersuchung in der bürgerlichen Literaturwissenschaft noch heute als Standardwerk: Teesing betont in repräsentativer Weise das Zusammenwirken der verschiedensten ideellen und materiellen Faktoren bei der Konstituierung der Epochenstruktur, wobei deren charakteristische Ausprägung durch die Leistung der großen Persönlichkeiten bestimmt wird. Über diese Methode der literaturgeschichtlichen »Synthese« sowie das erklärte Erkenntnisziel, verstehen und nicht erklären zu wollen, ist die bürgerliche Theorie nicht hinausgekommen, obwohl im Laufe der 50er und 60er Jahre die Misere der stiltypischen und literarhistorischen Periodisierung immer deutlicher wurde. So stellte Sengle (1956) fest: »Mindestens seit der Aufklärung ist jede Literaturperiode vielschichtig, übergänglich und kurzlebig« (Vorauss., S. 269) und forcierte damit das Ungenügen an der literarischen Epoche. Während Flemming (1958) bereits die Problematik »der Aufgliederung des literarischen Geschehens überhaupt« (S. 384) ins Auge faßte, schlug Hermand (1958) vor, wenigstens den Begriff der Epoche aufzugeben und durch »Strömung« zu ersetzen (Formenwelt, S. 4). Er entsprach damit dem verbreiteten Verdruß an Theorie, demzufolge Epochenbegriffe lediglich als praktische Ordnungsbegriffe zu fungieren hätten, die als eingebürgerte Namen, seien sie teilweise auch noch so problematisch, im Interesse »eines schon eingespielten Repertoires von Nomenklaturen« (*Krauss*, 1968, S. 120) besser nicht umgestürzt werden sollten.

Als Folge dieser Einstellung erschien in den bürgerlichen Literaturgeschichten der letzten Jahrzehnte eine bunte, geradezu wahllose Vielfalt von Epochenbegriffen. Wenn in einigen neueren Arbeiten eine »Neudefinition der bisherigen Epochenbegriffe« (*Hermand*, Synth., S. 209) gefordert wird, so ist dennoch keine Wende zu erkennen: Hermand (1968) will die Epoche nach wie vor vom Stil her definieren, wobei er ›Stil‹ lediglich etwas breiter als üblich faßt und ihn »als Inbegriff einer bestimmten Bewußtseinshaltung, zu deren Verständnis man sowohl die geistige als auch die materielle Basis der jeweils behandelten Epoche heranziehen muß« (Synth., S. 192). Das wollte auch Teesing; überdies: was ist eine »geistige Basis«? – Weisstein (1968), der als Komparatist das Epochenproblem untersucht, lehnt sich an Teesings Reallexikonartikel von 1966 an und bezeichnet die Epochen als »vom Subjekt erkannte Erscheinungen am historischen Objekt« (S. 127): das bedeutet jedoch nicht nur, daß eine Epoche immer wieder neu definiert werden und damit das Verlangen nach Kontinuität per definitionem ungestillt bleiben, sondern vor allem, daß die gesellschaftliche Situation des erkennenden Subjekts theoriekonstituierend werden muß – eine Konsequenz, die Weisstein jedoch nicht zieht. Wenn Tober (1971) schließlich im Epochenproblem den »Modellfall für die fruchtbare Methodenkrise der Gegenwart« (S. 28) sieht, so ist dem zuerst das Eingeständnis der Ergebnislosigkeit bisherigen Bemühens zu entnehmen; Tobers Zuversicht in künftige Lösungen jedoch, gepaart mit dem uralt-alten Vorwurf, die marxistische Literaturwissenschaft habe das Epochenproblem bislang auch nicht lösen können, muß entschieden in Frage gestellt werden.

2. Auf dem Hintergrund dieser Fachgeschichte müssen die verschiedenen *Periodisierungsarten* gesehen werden, die sich – formal klassifiziert – entweder mehr oder weniger glücklich an einem »Schema der Zufallsarithmetik« (*Krauss*, S. 120) orientieren, d. h. an bestimmten Daten (Regierungszeiten, politische Ereignisse, aber auch biographische bzw. werkgeschichtliche Daten), an Jahrhunderten, Dekaden, Jahreszyklen; oder die von dem Begriff der »Generation« (z. B. Petersen), von »polaren, phasischen oder zyklischen (d. h. eben ›periodischen‹) Konstruktionen« (vgl. dazu *Weisstein*, S. 125) wie z. B. Strich, von »Blütezeiten«, wie z. B. Scherer, von »Wesensformen«, wie z. B. Cysarz, von »Idealtypen«, wie z. B. Epstein, vom Prinzip der »wechselseitigen Erhellung der Künste«, wie z. B. Walzel oder von stammesgeschichtlich-rassischen Gesichtspunkten wie z. B. Nadler ausgehen.

3. Die Vielzahl der Periodisierungsarten hat eine Vielzahl von *Epochenbegriffen* gezeitigt, die noch vermehrfacht wurde durch die beliebige Kombination mit Zusätzen wie »Vor-«, »Früh-«, »Hoch-«, »Spät-«, »Nach-«, »Neo-« usw. Dieser »Überhang der Nomenklatur über die Epochen« (*Krauss*, S. 122) ist nicht gutzuhei-ßen, muß man ihn doch als das Ergebnis einer pluralistisch-unver-bundenen Forschungsentwicklung verstehen, in der in geradezu an-archischer Weise ein Überfluß an Begriffen produziert wurde, ohne daß es je gelungen wäre, einen fundierten Zusammenhang zwischen ihnen herzustellen. Dies nämlich ist die Misere bürgerlicher Epo-chenforschung: ausgehend von der These, daß die literarischen Perioden – wie Wellek/Warren noch einmal bekräftigten – »auf-grund rein literarischer Kriterien festgesetzt werden« sollten (S. 291), d. h. ausgehend von der Fiktion einer für sich seienden *Litera-tur*geschichte, stand sie der Geschichte fremd gegenüber und konnte in deren Prozeß nichts anderes als ein »Chaos des abrollenden Geschehens« (*Weisstein*, S. 118) erkennen, in das erst Wissenschaft systematisch ›Ordnung‹ bringt. Im Rahmen einer derartigen, per-spektivlosen Geschichtsvorstellung war Periodisierung letztlich ein wissenschafts*technisches* Problem, d. h. ausschlaggebend war, wie zuletzt noch Teesing freimütig gestand, »nicht die Frage, wie wir pe-riodisieren sollen, sondern die Einsicht, daß wir periodisieren müs-sen« (RL, S. 75). Kein Wunder, daß der literaturgeschichtliche Markt mit einer Vielzahl von konkurrierenden Begriffen/Methoden gesättigt ist – kein Wunder auch, daß die meisten von ihnen, gemes-sen an dem legitimen Bedürfnis, Literatur als Geschichte substan-tiell zu strukturieren, nicht taugen.

4. Erstaunlich dagegen ist, daß trotz der überwiegenden Reduzie-rung des Periodisierungsproblems von einer geschichtlichen zu einer systematischen Frage, die *wissenschaftliche Nomenklatur* selbst weithin unklar geblieben ist. Die Begriffe »Epoche«, »Periode« (oft synonym verwendet), »Generation«, »Bewegung«, »Strömung«, »Gruppe«, »Schule« usw. sind, wie zuletzt Weisstein beklagte, nicht einheitlich definiert. Wie Teesing plädiert auch Weisstein dafür, »Epoche« als Bezeichnung für größere Zeiträume, die man in »kleinere Einheiten zerlegen, also periodisieren kann« (S. 120), zu reservieren: diese kleineren Einheiten sollten dann »Perioden« hei-ßen. Perioden sind nach Teesing »Zeiträume, die in sich relativ ein-heitlich sind und sich in charakteristischer Weise von anderen unter-scheiden« (S. 8). Dem sollte man terminologisch folgen, wenn auch – gerade im deutschen Sprachgebrauch – nicht zu vemeiden sein wird, daß »Epoche« dann an die Stelle von »Periode« tritt, wenn ein

Zeitraum wie z. B. die Vormärzzeit leichter in kleinere Einheiten zerlegt denn als einzige Einheit bestimmt werden kann.

Aus der Kritik der bürgerlichen Theorie der Periodisierung ergibt sich: Das Festhalten an rein literarhistorisch begründeten Epochen bzw. Perioden hat zum methodischen Stillstand geführt. Eine grundsätzlich andere Theorie, die das »Konnubium von Geschichte und Literaturgeschichte in der Bestimmung der Epochen« (*Krauss*, S. 122) endlich richtig berücksichtigt, tut not. Zu diesem Zweck soll ein Blick auf die konkrete Situation, d. h. auf die Geschichte der Periodisierung des Zeitraums von 1815/1830–1848 unter dem Titel ›Vormärz‹ verdeutlichen, welche Hypotheken abzutragen sind und unter welchen Prämissen die vielgeforderte Neubestimmung zu beginnen ist.

Literatur:
Allgemein:
Richard Moritz Meyer: Prinzipien der wissenschaftlichen Periodenbildung. Mit besonderer Rücksicht auf die Literaturgeschichte. In: Euph. 8 (1901), S. 1–42.

Hans Epstein: Die Metaphysizierung in der literaturwissenschaftlichen Begriffsbildung und ihre Folgen, dargelegt an drei Theorien über das Literaturbarock. Berlin 1929.

Herbert Cysarz: Das Periodenprinzip in der Literaturwissenschaft. In: Philosophie der Literaturwissenschaft. Hrsg. von Emil Ermatinger. Berlin 1930, S. 92–129.

Benno von Wiese: Zur Kritik des geistesgeschichtlichen Epochenbegriffs. In: DVjs 11 (1933), S. 130–144.

René Wellek: Periods and Movements in Literary History. In: English Institute Annual for 1940. New York 1941, S. 73–93.

Hubert Paul H. Teesing: Das Problem der Perioden in der Literaturgeschichte. Groningen, Diss. 1948.

René Wellek und *Austin Warren:* Theorie der Literatur. Frankfurt ²1972, S. 288–295 (¹1949).

Werner Milch: Über Aufgaben und Grenzen der Literaturgeschichte. In: Abhandlungen der Akademie Mainz 1950, S. 53–77.

Hubert Paul H. Teesing: Periodisierung. In: RL, Bd. III, S. 74–80.

Jost Hermand: Das ›Epochale‹ als neuer Sammelbegriff. In: Synthetisches Interpretieren, S. 187–217. [erweiterte Fassung von: »Über Nutzen und Nachteil literarischer Epochenbegriffe«. In: MDU 58 (1966), S. 289–309.]

Ralph B. Farrell: Problems of Periods and Movements. In: Periods in German Literature. Ed. by James M. Ritchie. London ¹1966, ²1968, S. 3–14.

Ulrich Weisstein: ›Epoche‹, ›Periode‹, ›Generation‹ und ›Bewegung‹. In: Einführung in die Vergleichende Literaturwissenschaft. Stuttgart 1968, S. 118–142.

Werner Krauss: Periodisierung und Generationstheorie. In: Grundprobleme der Literaturwissenschaft. Zur Interpretation literarischer Werke. Reinbek 1968. S. 119–130.

Hanns W. Eppelsheimer: Zur Periodisierung der europäischen Geistesgeschichte. In: Das Altertum und jedes neue Gute. Für Wolfgang Schadewaldt zum 15. März 1970. Stuttgart 1970. S. 151–156.
Karl Tober: Das Verhältnis von Dichtung und Gesellschaft im Licht des Epochenproblems. In: Dichtung. Sprache. Gesellschaft. Akten des IV. Internationalen Germanistenkongresses 1970 in Princeton. Hrsg. von Victor Lange und Hans-Gert Roloff. Frankfurt 1971, S. 21–28.

Im Zusammenhang mit ›Biedermeier‹ bzw. 19. Jahrhundert:
Kluckhohn: S. 1–43.
Sengle: Vorauss., S. 268–294.
Hermand: Formenwelt, S. 3 ff.
Willi Flemming: Die Problematik der Bezeichnung ›Biedermeier‹. In: GRM 39 (1958), S. 379–388.
Harold Jantz: Sequence and Continuity in Nineteenth-Century German Literature. In: GR 38 (1963), S. 27–36. [lehnt jegl. Epochisierung ab]
Henry H. H. Remak: The periodization of 19th century German literature in the light of French trends. In: Dichter und Leser. Studien zur Literatur. Hrsg. von Ferdinand van Ingen. Groningen 1972, S. 105–112.

2.1.2. Zur Geschichte der Periodisierung der Zeit von 1815/30 bis 1848 unter dem Epochenbegriff »Vormärz«

1. Kritik am Biedermeier-Begriff – 2. Geschichtliche Entwicklung des Epochenbegriffs »Vormärz« bis 1945 – 3. Vormärz-Begriff in der BRD – 4. Vormärz-Begriff in der DDR

1. Die Zeit zwischen Romantik und Realismus, zwischen Restauration und Revolution oder wie auch immer man den »leidigen Zeitraum zwischen 1815 und 1848« (*Hermand,* Ep.probl., S. 16) nennen will, galt lange als »das alte literarhistorische Niemandsland« (*Fülleborn,* S. 22). Zwar hat es an Vorschlägen zur Benennung dieser Periode nicht gefehlt (»Realidealismus«, »Frührealismus«, »Poetischer Realismus«, »Realismus«, »Nachromantik bzw. -klassik«, »Epigonentum«, »Viktorianismus«, »Restaurationszeit« usw.), doch konnte bis heute eigentlich nur eine Bezeichnung eine lebhafte Diskussion hervorrufen: *»Biedermeier«* bzw. *»Biedermeierzeit«.* Freilich, gerade an Ausgangspunkt und Entwicklung der Biedermeierforschung, über die zuletzt Norst, Fülleborn und Hermand ausführlich berichteten, zeigt sich das Dilemma der literarhistorischen Periodisierung ganz deutlich, so daß es – trotz Sengles monumentaler Epochendarstellung – wenig sinnvoll ist, diesen Zeitraum unter diesem Begriff und mit der überlieferten Methode zu erfassen.

21

Während Norst (1966) nach gründlicher Kritik der bisherigen Verwendungsweise an »Biedermeier« als Epochenbegriff festhalten will, obwohl dieser gegenwärtig »of doubtful value« (S. 166) sei, lehnen Fülleborn (1966) und Hermand (1968) ihn ab. Fülleborn schlägt statt dessen den Begriff »Frührealismus« (S. 310 f.) vor, Hermand den Begriff »Restaurationszeit« (Ep.probl., S. 16), der allerdings von Sengle wieder zugunsten der Bezeichnung »Biedermeierzeit« (I, S. X) zurückgewiesen wird. Einig sind sich alle darin, daß es letztlich eben doch nicht auf Namen ankomme – Fülleborn bemerkt schlicht, »heute sind ohnehin alle Ismen zu Recht ideologieverdächtig« (S. 310) – sie sind sich im Widerspruch dazu aber auch darin einig, daß Epochenbegriffe sein müssen und dabei begriffliche Kontinuität zu wahren sei. Dies kann man einen weiteren Beitrag zur Krise der bürgerlichen Literaturgeschichte nennen.

In dem demnächst erscheinenden Sammelband »Begriffsbestimmung des Literarischen Biedermeier« (Hrsg. von E. Neubuhr) werden sich in Originalbeiträgen G. Weydt (1973) und U. Fülleborn (1973) erneut mit dem Problem ›Biedermeier‹ auseinandersetzen und dabei vermutlich auch zu Sengles Konzept ›Biedermeierzeit‹ Stellung nehmen.

Literatur:

Harold Jantz: Sequence and Continuity in Nineteenth-Century German Literature. In: GR 38 (1963), S. 27–36.

Marlene J. Norst: Biedermeier. In: Periods in German Literature. Ed. by James M. Ritchie. London [1]1966, [2]1968, S. 147–168.

Ulrich Fülleborn: Das Problem der literarhistorischen Epochenbestimmung für die deutsche Dichtung nach Ausgang der Goethezeit. In: Das dramatische Geschehen im Werk Franz Grillparzers. München 1966, S. 7–42.

Hermand: Ep.probl., S. 3–61.

Begriffsbestimmung des literarischen Biedermeier. Hrsg. von Elfriede Neubuhr. Darmstadt 1974 oder 1975 (= Wege der Forschung, Bd. CCCXVIII).

2. So dürfte wenig Neues herauskommen, wenn man die Geschichte der Periodisierung der Zeit von 1815/30 bis 1848 ein weiteres Mal unter dem Titel Biedermeierzeit/Restaurationszeit/ Frührealismus verfolgt. Statt dessen soll der Begriff » *Vormärz* « im Blickpunkt stehen, da von ihm aus eine Kritik der bürgerlichen Periodisierungsmisere am besten anzusetzen ist. An der Geschichte der Verwendung dieses Begriffs ist dabei gleichzeitig zu erkennen, welche Schwierigkeiten zu lösen sind, um dem besseren Epochenbegriff »Vormärz« Geltung zu verschaffen.

Der Begriff »Vormärz« bzw. »vormärzlich« taucht bereits recht bald nach der Revolution von 1848/49 auf, auch im Titel literarischer und historischer Werke (z. B. *Eduard Schmidt-Weißenfels:* Die Stadt der Intelligenz. Geschichten aus Berlins Vor- und Nachmärz, Berlin 1865; vgl. außerdem DWB, XII, 2, S. 1312). Er hat seit seinem ersten Auftreten eine aufschlußreiche Bedeutungsveränderung erfahren, die bislang nicht genügend beachtet worden ist.

Ursprünglich bezeichnete »Vormärz« (politische) Verhältnisse, die *vor* den ersten revolutionären Erhebungen im *März* 1848 in Deutschland und Österreich bestanden, d. h. rückständige, obsolete, reaktionäre Verhältnisse. Auffallend dabei ist, daß die Synonymisierung von »Vormärzzeit« und »Zeit der Restauration« bzw. »Zeit des Metternichschen Systems« von Anfang an vor allem mit Österreich in Verbindung gebracht wurde (vgl. dazu *Stein*, Vormärz, S. 416 f.). In dieser Bedeutung findet sich der Begriff in historischen und literarhistorischen Arbeiten seit der Jahrhundertwende, ebenso in den großen Konversationslexika.

Daneben wurde der Begriff – nicht selten in Verbindung mit »Nachmärz« – gleichsam als Abbreviatur für »die Zeit vor 1848« benutzt. In diesem zeitlich-klassifizierenden Sinne erlangte der Terminus ebenfalls um die Jahrhundertwende, vor allem bei liberalen Autoren, eine Bedeutung, die der einer (historischen) Epochenbezeichnung schon nahekommt. Als bald nach 1900 im Zuge einer kulturgeschichtlichen Nostalgie der Begriff »Biedermeier« aufkam (dazu *Norst: »Biedermeier* work was held up as an example to a factory age which had lost all sense of style«, S. 150), wies G. Hermann (1913) darauf hin, daß eben diese Periode kurz vorher noch »Vormärz« genannt worden war und als eine Zeit voller politischen Bewegung gegolten hatte, der sich niemand entziehen konnte (S. 6).

Bereits in dieser frühen Phase läßt sich erkennen, daß »Biedermeier« und »Vormärz« konkurrierende, aber auch sich gegenseitig bestimmende Begriffe sind. Das wurde ganz deutlich, als sich seit etwa 1928, unter Führung von Kluckhohn, die geistesgeschichtlich orientierte, literarhistorische Biedermeier-Forschung formierte. Da von Anfang an der süddeutsche, österreichische und südosteuropäische Raum das klassische Feld der Biedermeier-Forschung wurde, trat in engem Zusammenhang damit ab den 30er Jahren die Bedeutungsverbindung von »Vormärz« und »Österreich« bzw. »vormärzlich« und »restaurativ« zurück. Nach einer kurzen Phase der Synonymisierung ging der Begriff (österreichischer) »Vormärz« in »Biedermeier« auf. Übrig blieb ein lediglich historisch klassifizierender Terminus, der als Epochenbezeichnung keine Anerkennung finden konnte (vgl. *Kluckhohn*, S. 2). Folgerichtig hieß es bei Volkmann (1936): »Der Begriff Vormärz gibt nur die Grenzen der Zeit und ist unfruchtbar für die Erkenntnis des Wesens und Wollens dieser geschichtlichen Perioden [!] (S. 5). Es versteht sich, daß diese Reduzierung den Faschisten nur gelegen sein konnte, gab sie ihnen doch Gelegenheit, durch Abspaltung des »Jungen Deutschland« vom »Biedermeier« »to stress the essentially Germanic, wholesome, optimistic character of the *Biedermeier* writers as against the ›foreign‹, ›dangerously decadent pessimism‹ of the Paris-orientated Young Germans and Heine« (*Norst*, S. 158).

Literatur:
Georg Hermann: Das Biedermeier im Spiegel seiner Zeit. Berlin 1913.
Kluckhohn: S. 1–43.
Ernst Volkmann: Um Einheit und Freiheit. 1815–1848. (Vom Wiener Kongreß bis zur Märzrevolution). Einleitung. Leipzig 1936, S. 5 ff.
Norst: S. 147–168.
Stein: ›Vormärz‹, S. 411–426.

3. Die Kritik am Vormärz-Begriff änderte sich zunächst auch nach 1945 nicht viel, obwohl im Laufe der 50er Jahre immer deutlicher wurde, daß weder der Stilbegriff »Biedermeier«, der trotz früher Kritik bei H. Meyer (1952) bald wieder auflebte, noch der Gruppen-Begriff »Junges Deutschland«, für den noch 1958 Kohlschmidt (in: RL, Bd. 1, S. 787 ff.) eintrat, noch die Kombination beider als Epochenbegriff (so zuletzt bei *Sagarra*, S. 110) taugen konnten (vgl. dazu *Stein*, Vormärz, S. 418 f.). Da die bürgerliche Literaturgeschichtsschreibung, trotz des Eingeständnisses ihrer Krise, nicht davon abging, primär *literarisch* zu periodisieren, war und ist der Begriff »Vormärz« für sie keine Alternative.

Dies machten jüngst zwei so unterschiedliche bürgerliche Literarhistoriker wie Fülleborn und Sengle nicht einmal ganz deutlich. Fülleborn, der für den Epochenbegriff »Frührealismus« eintritt, stellte die Forderung an den Literarhistoriker, die »Epochengestalt« dort aufzusuchen, »wo jeder der großen Einzelnen ganz er selbst ist« (S. 32). Gegenüber dieser geschichtlich isolierenden Methode à la Gundolf ist Sengles Verfahren, in dem immerhin versucht wird, sozialgeschichtliche Aspekte einzubeziehen, geradezu fortschrittlich. Sengle, der bekanntlich für den Begriff »Biedermeierzeit« plädiert, erhob deswegen die entgegengesetzte Forderung, nämlich »die Epoche in ihrer Breite« (I, S. 196), d. h. in den Leistungen ihrer vielen kleinen Lokal- und Almanachschriftsteller darzustellen. Dennoch sind diese beiden Forderungen einander nur scheinbar entgegengesetzt: gemeinsam ist beiden der mehr oder weniger ideologisch beschränkte Bezug auf »elementare Phänomene und strukturelle Grundzüge innerhalb der Welt der Dichtung« (*Fülleborn*, S. 32), auf »poetische Realitäten« (ebda.), die abgetrennt von den realen ökonomisch-gesellschaftlichen Prozessen betrachtet werden. Mit solchem Verfahren ist weder »Vormärz« als Epochenbegriff anvisierbar noch der Hauptinhalt dieser Literaturperiode zu bestimmen.

Eine grundsätzlich neue Etappe in der Verwendung des Begriffs »Vormärz« (und damit zugleich eine Bedeutungsveränderung) wurde durch die DDR-Literaturwissenschaft seit etwa Mitte der 60er Jahre eingeleitet. Die frühe, bald nach der Staatsgründung 1949 einsetzende DDR-Forschung benutzte »Vormärz« zwar noch nicht als Epochenbegriff, setzte ihn aber konsequent als Bezeichnung für jenen Zeitraum vor 1848 ein, in der die revolutionäre Situation heranreifte. So bildete sich bis zur Mitte der 60er Jahre ein bestimmtes, von der bürgerlichen Biedermeierforschung scharf abgesetztes Begriffsverständnis heraus, wonach »Vormärzliteratur« gleich oppositionelle, d. h. bürgerlich-liberale und revolutionär-demokratische Literatur war.

Dieser eingeschränkte Vormärzbegriff übertrug sich seit Hermand (1967) auch in die westdeutschen Arbeiten der Hochschul- und Schulgermanistik, die sich – z. T. gegen die biedermeierliche Reduktion der Epoche gewandt – mit diesem Thema beschäftigten (z. B. Lamprecht, Grab/Friesel, Jäger, Vaßen, Sonnemann, Denkler, Merkelbach).

Freilich muß einschränkend hinzugefügt werden, daß mit der von diesen Forschern angewandten Methode der Vermischung von ästhetischen und sozialgeschichtlichen Kriterien, die man noch nicht als ein materialistisches Vorgehen bezeichnen kann (was z. B. *Merkelbach*, S. 29 ff. behauptet), allenfalls das von der Biedermeier-Forschung verzerrte Bild der Vormärzzeit in Frage gestellt, kaum aber ein neues und umfassenderes Bild der Epoche gezeichnet werden konnte (vgl. dazu S. 36–40).

Gleichwohl war damit jedoch ein äußerster Gegenpunkt zur ursprünglichen »Vormärz«-Bedeutung erreicht: wurde in der ursprünglichen Fassung allein das vor der revolutionären Veränderung Bestehende, d. h. das Reaktionäre betont, so war in der jetzigen Fassung der auf die politische Veränderung hinzielende Prozeß, d. h. das Revolutionäre gemeint. Daß dieser neue Vormärz-Begriff als Pendant zum Biedermeierbegriff, in dem die ursprüngliche Vormärzbedeutung aufgegangen war, fungierte und ihn dadurch stützte, ist zunächst nur bei Kritikern in der DDR erkannt worden. Mit Recht sah Werner (1969) in der dualistischen Epochenkonstruktion von Vormärz und Biedermeier einen Fehler, da »letztlich politische Tendenzen – fortschrittlich revolutionäre bzw. konservative – zur Grundlage der Periodisierung dienen« (Pol. Ged., S. 8).

Diese Kritik gilt noch heute: sie trifft sowohl die Vormärz-Konzeption, wie sie jüngst von einem Münchener Autorenkollektiv (1973) vorgelegt wurde, als auch Sengles Epochenkonstruktion »Biedermeierzeit« (1972 ff.). An der Arbeit des Münchener Kollektivs, die aus einem Proseminar H. W. Jägers hervorgegangen ist, wird überdies einmal mehr die Lage der Literaturgeschichte unter kapitalistischen Bedingungen deutlich: wenn als Begründung für den engen Vormärzbegriff genannt wird »erstens das herrschende begriffliche Vorverständnis der Epoche, das ›Vormärz‹ meist mit den progressiven Autoren identifiziert, zweitens die Tatsache, daß der List-Verlag für die konservativen Autoren der Zeit ... großenteils eigene Bände vorsieht« (S. 9), dann liegt auf der Hand, daß Wissenschaft sich dem kommerziellen

Interesse einfügt. Die Berufung auf ein wissenschaftliches »On dit« (welches begriffliche Vorverständnis von ›Vormärz‹ herrscht denn eigentlich?) leistet dieser Anpassung Vorschub.

Schwieriger liegt der Fall bei Sengle. Indem er Biedermeier *zeit*, als den umfassenderen Begriff, von dem engeren Begriff des Biedermeiers (I, S. X) streng unterscheidet, strebt er eine Überwindung des alten Dualismus an und versucht unter dem Titel ›Biedermeierzeit‹ – »diesem relativ gleichgültigen Begriff« (I, S. 10), wie es an anderer Stelle heißt – den *»regelmäßigen Wechsel von liberal-revolutionären und restaurativen Stößen, welcher die dialektische Epocheneinheit aller dieser Phasen belegt«* (I, S. 199), darzustellen. Freilich bleibt es nur beim Versuch, denn die ungeheure Überrepräsentierung des biedermeierlich-konservativen Moments läßt die Dialektik verkümmern und durch die Hintertür im Begriff ›Biedermeierzeit‹ das alte ›Biedermeier‹ auferstehen – nomen est omen! »Vormärzdichter« sind dabei für Sengle neben Jungdeutschen und Junghegelianern nur ein Teil der »Opposition«; er beschränkt sie auf die »Radikalen der vierziger Jahre« (I, S. 201) und räumt ihnen knapp acht Seiten im 1. Band seines Monumentalwerkes ein. So bleibt alles beim alten.

Literatur:
Herbert Meyer: Das literarische Biedermeier. Ergebnisse und Fragen. In: DU 5 (1962). Beilage zu Heft 2, S. 1–8.
Werner Kohlschmidt: Junges Deutschland. In: RL, Bd. 1, S. 781–798.
Fülleborn: S. 7–42.
Hermand: Vormärz, S. 357–394.
Helmut Lamprecht (Hrsg.): Deutschland Deutschland. Politische Gedichte vom Vormärz bis zur Gegenwart. Bremen 1969.
Werner: Pol. Ged.
Walter Grab/Uwe Friesel (Hrsg.): Noch ist Deutschland nicht verloren. Eine historisch-politische Analyse unterdrückter Lyrik von der Französischen Revolution bis zur Reichsgründung. München 1970. – Jetzt: dtv-Taschenbuch Nr. 875.
Ulrich Sonnemann (Hrsg.): Der kritische Wachtraum. Deutsche Revolutionsliteratur von den Jakobinern zu den Achtundvierzigern. München 1971.
Florian Vaßen: Georg Weerth. Ein politischer Dichter des Vormärz und der Revolution von 1848/49. Stuttgart 1971.
Sengle: I, S. 119–123.
Sagarra
Denkler: Rest.
Vormärz 1973.
Valentin Merkelbach: Politische Lyrik des Vormärz (1840–1848) – Interpretationsmuster. Texte zur Geschichte der Demokratie in Deutschland. Begleitheft mit Skizze einer Unterrichtseinheit und Kommentar. Frankfurt 1973, S. 9–55.

4. Als Anfang einer wirklich neuen Phase der Biedermeier/Vormärz-Forschung müssen dagegen jene Ansätze der DDR-Literatur-

wissenschaft betrachtet werden, in denen vom materialistischen Standpunkt aus (etwa seit 1967) der Versuch gemacht wurde, unter dem Oberbegriff »Vormärz« die Einheit der Epoche *dialektisch* zu begründen. Hinzuweisen ist in diesem Zusammenhang vor allem auf den Vormärz-Aufsatz von R. Rosenberg (1967) sowie auf die künftige »Geschichte der deutschen Literatur« (DDR, 1974), von der bisher Skizzen (1964), Feinkonzeptionen (1969) und Teilabdrucke (1972) vorliegen.

Bei Rosenberg wie auch in der DDR-Literaturgeschichte, an der Rosenberg mitarbeitet, wird der Vormärzbegriff ausgeweitet und zum Epochen-Oberbegriff; die Einheit der Epoche ist in dem vielschichtigen Prozeß der Ablösung von den Traditionen der Klassik/Romantik gegeben – eine Auseinandersetzung, die sowohl offensiv (z. B. bei den politischen Schriftstellern) wie auch defensiv mit dem Ziel der Bewahrung (z. B. bei den sogen. biedermeierlichen Schriftstellern) geführt wurde. Mit dieser Epochencharakterisierung soll der bisher vorherrschende Dualismus überwunden werden, indem beide Richtungen als dialektische Momente eines Ganzen erfaßt werden. Erst wenn man diese gerade in der Vormärzzeit sich verschärfenden literarischen Widersprüche in Zusammenhang sieht mit den gesellschaftlichen Widersprüchen jener Zeit, kann es gelingen, die offenbaren Divergenzen dieses Zeitraumes in einen materialistisch fundierten Epochenbegriff einzubringen, ohne daß harmonisiert wird und wichtige Entwicklungsprozesse ignoriert werden müssen.

Literatur:
Skizze, S. 644–812.
Rosenberg: Vormärz, S. 148–163.
Feinkonzeption, S. 275–315.
Konzeption, S. 54–86.
Rosenberg: 1972, S. 121–145.

2.1.3. *»Vormärz« als materialistischer Epochenbegriff*

1. Materialistische Literaturwissenschaft und das Problem der literarischen Epoche – 2. Sozio-ökonomische Periodisierung – 3. Ökonomisch-politische Umwälzung im Vormärz – 4. Politisch-ideologische Umwälzung im Vormärz – 5. Literarischer Prozeß im Vormärz

1. Materialistische Literaturgeschichte – so ist in Kap. 1.1. dargelegt worden – faßt ihren Gegenstand, die Literatur als Geschichte, dialektisch, d. h. bestimmt ihn als Produkt und Praxis zugleich. Von

diesem Ansatz her stellt sich das Problem der (literarischen) Periode/Epoche gänzlich anders als der bürgerlich-idealistischen Literaturgeschichte, die unter »Geschichte« immer nur ein Ensemble von *literatur*geschichtlichen Faktoren verstehen kann. Betrachtet man den Epochenbegriff auf dem Hintergrund dieser prinzipiellen Differenz, so läßt sich folgendes sagen: Mit der Wahl des Begriffs »Vormärz« als Epochenbezeichnung ist nicht nur die Kritik am Prinzip der bürgerlichen literarhistorischen, sprich: literaturimmanenten Periodisierung verbunden, sondern wird zugleich zum Ausdruck gebracht, daß die Geschichte der Literatur im Kontext der gesamtgesellschaftlichen Geschichte zu sehen ist.

Der materialistische Literarhistoriker orientiert sich deshalb – dem Historiker folgend – an den gesellschaftsgeschichtlichen und ideologischen Grundprozessen und versucht, den vielfach vermittelten Zusammenhang zwischen ihnen und der Literatur erkennend darzustellen. Er geht dabei davon aus, daß die »Vorgänge im gesellschaftlichen und Ideologiebereich als letztlich bestimmende Grundlage spezifisch zu erfassender literarischer Eigengesetzlichkeiten und literarischer Konzeptionsbildungen anzusehen sind« (*Feinkonzeption*, S. 282). Seine Aufgabe als *Literar*historiker besteht vor allem darin, »Kongruenz bzw. Inkongruenz der Zäsuren in der Literaturentwicklung mit den gesellschaftlichen Periodeneinschnitten herauszuarbeiten, den charakteristischen Phasenverschiebungen zwischen den Basisveränderungen und der Literaturentwicklung zu erörtern« (*Rosenberg*, briefl.) und damit sowohl der relativen Eigengesetzlichkeit der Literaturentwicklung als auch ihrem Charakter als Teilbewegung des gesamtgesellschaftlichen Prozesses Rechnung zu tragen.

Bei der materialistischen Begründung des Epochenbegriffs »Vormärz« kommt es daher darauf an, die inhaltliche Einheit, die zeitlichen Grenzen und die Einheit der verschiedenen ästhetischen Faktoren so zur Darstellung zu bringen, daß die Verbindung von gesamtgesellschaftlicher Bewegung und Literaturentwicklung deutlich wird. Dabei läßt sich jedoch nicht immer vermeiden, daß der komplizierte Zusammenhang von ökonomischer, politisch-ideologischer und spezifisch literarischer Bewegung aus Gründen der besseren Darstellung zu einem Nacheinander gerät, was – nochmals sei es betont – nicht der Wirklichkeit entspricht.

2. Die für den in Frage kommenden Zeitraum vor allem von sozialistischen (Wirtschafts-)Historikern (Mottek, Streisand, Obermann) herausgearbeiteten sozio-ökonomischen Periodeneinschnitte von 1789 und 1870/71 grenzen eine Großperiode ein, in der sich gemeineuropäisch der Übergang von der feudalen Ordnung zum bürgerlichen Kapitalismus vollzieht. Mottek sieht diesen Übergang »durch einen qualitativen Sprung, einen beschleunigten Fortschritt zum

Neuen und ein beschleunigtes Hinwegräumen des Alten« (S. 1) gekennzeichnet. Motor dieser Umwälzung an der Basis ist die *Bürgerliche Revolution* einerseits und die *Industrielle Revolution* anderseits. Beider unterschiedlich begünstigter, durch den national verschiedenartigen Verlauf der feudalen Vorgeschichte begründeter Ansatz in Westeuropa, den deutschen Territorien und Ost- bzw. Südosteuropa, zog zeitliche Verschiebungen in der Beseitigung der feudalen ökonomischen Fesseln sowie in der Entfaltung der bürgerlichen Gesellschaft, der Errichtung des bürgerlichen Staates und seiner kapitalistischen Ordnung nach sich, die als nationale und regionale Besonderheiten des allgemeinen Prozesses wichtig und für die genaue Periodisierung von Bedeutung sind.

3. Ganz allgemein gilt für diese unterschiedlich zu datierende *ökonomisch-politische* Umwälzung von der feudalen zur bürgerlich-kapitalistischen Ordnung, daß die Industrielle Revolution – überall dort besonders früh und intensiv entbunden, wo ihr die bürgerlich-politische Revolution zur Seite stand – sich in zwei Phasen entwickelte. Mottek unterscheidet eine Vorbereitungsphase, in der »den ersten Maschinen und vereinzelten Fabriken die beschleunigte Erweiterung der industriellen Produktion und des industriellen Kapitals, die ›große‹ Industrie, auf dem Fuße folgte« (S. 75), und eine Hauptphase, in der es zu einer »*massenhaften Anlage von konstantem fixen Kapital* in der Form von Fabriken, Hütten, Bergwerken und Transportmitteln« (S. 74) kam.

In den deutschen Territorien setzt die Vorbereitungsphase in den frühesten Fällen am Vorabend der Französischen Revolution, d. h. in den 80er Jahren, die Hauptphase der Industriellen Revolution etwa ab 1835, vor allem aber in den 40er Jahren ein (England: etwa ab 1780). Diese zeitliche Verspätung gegenüber Westeuropa – Folge der verzögerten und verlangsamten Bürgerlichen Revolution in Deutschland – ist eine der Ursachen für die deutsche Sonderform in der Entwicklung zum bürgerlich-kapitalistischen Staat. Die Hauptursache besteht jedoch vor allem darin, daß in Deutschland der politisch-revolutionäre Emanzipationskampf der bürgerlichen Klasse nicht zum Schrittmacher für die ökonomische Befreiung aus den feudalen Fesseln wurde, sondern umgekehrt erst die durch die französische Fremdherrschaft bzw. durch innere Reformen ausgelöste kapitalistische Entfaltung den politischen Druck erzeugten, der dann – verspätet nicht nur gegenüber dem Westen, sondern auch gegenüber den Erfordernissen der eigenen Basis – zu den Revolutionen von 1848 führte. Die große Bedeutung dieser Revolution liegt darin, daß sie einerseits gewissermaßen der nachgeholte Anfang der ersten Phase innerhalb der Bürgerlichen Revolution ist, anderseits durch ihren Verlauf und ihr Ergebnis zur entscheidenden Weichenstellung für die Zukunft wurde (vgl. dazu *Mottek*, S. 14 ff.).

Literatur:
Obermann
Joachim Streisand: Deutsche Geschichte von den Anfängen bis zur Gegenwart. Eine marxistische Einführung. Köln 1972 [zuerst Berlin (DDR) 1968].
Mottek
Vgl. außerdem die Literaturhinweise zu Kap. 3.2.1., Abs. 1 und 2, S. 87 f., 88.

4. Innerhalb der durch diese Gesamtentwicklung gekennzeichneten Großperiode läßt sich in den deutschen Territorien die Periode des *Vormärz* als jene Phase herausheben, in der sich der Widerspruch zwischen der ökonomischen Emanzipation vom Feudalismus und der politischen Gebundenheit an ihn, oder anders ausgedrückt: der Widerspruch zwischen der verzögerten Bürgerlichen Revolution und der sich entfaltenden Industriellen Revolution herausbildete, verschärfte und zu einem ersten Austrag kam. Zeitlich grob bezeichnet durch die 1. Hälfte des 19. Jahrhunderts (zur Begründung der genaueren Eingrenzung vgl. Kap. 2.2.2., S. 54 ff.), gewinnt im *politisch-ideologischen* Bereich dementsprechend der Zusammenhang zwischen dem politischen Kampf (»Emanzipation des Bürgertums von der feudalen Klassenherrschaft und die Durchsetzung bürgerlicher Lebensformen in *allen* gesellschaftlichen Bereichen«, *Rosenberg,* Vormärz, S. 244) und dem ideologischen Kampf (Auseinandersetzung mit dem feudalabsolutistischen Überbau, den ästhetischen, moralischen, religiösen und politischen Anschauungen) immer schärfere Konturen. In dieser Umwälzung des Überbaus, ideologisch als allgemeine Traditionskrise bzw. -kritik interpretiert, reproduziert sich der oben beschriebene Widerspruch als Widerstreit der »Weltanschauungen«, d. h. politisch als Auseinandersetzung zwischen restaurativen und revolutionären Tendenzen (polar: zwischen Furcht bzw. Skepsis vor der und Hoffnung auf die demokratische Revolution), ideologisch als Kampf zwischen Tradition und Neuerertum.

Dieser Widerstreit erfaßt im Vormärz in einer den Zeitgenossen wie noch nie zuvor bewußten Weise alle Bereiche des gesellschaftlichen Lebens und alle gesellschaftlichen Gruppen und führt zu einer sich immer mehr differenzierenden Aufgliederung der Parteistandpunkte, die – so entgegengesetzt sie einander sein mögen – dennoch demselben Grundwiderspruch unterworfen bleiben. Dieser mit dem Begriff *»Politisierung«* beschriebene allgemeine Vorgang gewinnt im vormärzlichen Deutschland deswegen eine besondere Bedeutung, weil hier der Widerspruch zwischen der ökonomischen Festigung der kapitalistischen Ordnung und der politischen Ohnmacht und Unterdrückung des deutschen Bürgertums eine charakteristische Verschiebung von der politischen zur ideologischen Auseinandersetzung hervorrief. Dabei erlangte vor allem die *Literatur* (neben Wissenschaft und Philosophie) eine gesellschaftsbildende Funktion, eine »praktisch politische Operativität« (*Feinkonzeption*, S. 66), die sich nicht nur im ausdrücklichen politischen Anspruch, sondern ebenso auch dort zeigte, wo dieser Anspruch abgelehnt wurde.

5. Daraus ergibt sich für die Untersuchung des *spezifisch literarischen* Bereichs, daß nicht nur die zwar höchst unterschiedliche, aber auf dieselbe gesellschaftliche Wirklichkeit bezogene Reaktion der Schriftsteller zu beachten ist, sondern zugleich auch die Tatsache, daß die Literatur im Vormärz in ihrer Haupttendenz eine »operative Wirksamkeit im Sinne der politischen Umwälzung des herrschenden feudal-bürokratischen Systems und der Entwicklung eines einheitlichen deutschen Nationalstaats« (*Rosenberg* 1972, S. 126) erlangte. Ein – historisch gesehen völlig neuartiger – Faktor dieser »Operativität« der Literatur war zweifellos die Tatsache der beschleunigten Kapitalisierung des Literaturmarktes, der damit zusammenhängende beginnende Massenkonsum von Literatur sowie die wachsende Trivialisierung der Massenliteratur, die als reaktionäres Pendant zur engagierten Politisierung der Literatur betrachtet werden muß.

Die Literatur ist im Vormärz in dialektischer Einheit Produkt und Praxis, actio und re-actio, und gewinnt aus dieser Position ihre epochentypischen, spezifisch literarischen Fragestellungen, die – allgemein zusammengefaßt – die gesellschaftliche Funktion der Literatur, das Menschen- und Gesellschaftsbild der Schriftsteller sowie die Eigenart der ästhetischen Aneignung der gesellschaftlichen Wirklichkeit betreffen (vgl. dazu *Rosenberg* 1972, S. 122). Wie im einzelnen diese Fragestellungen auf die geschilderten gesellschaftsgeschichtlichen und ideologischen Grundprozesse bezogen sind, wie der vielfach vermittelte Zusammenhang mit ihnen aufgeschlüsselt und gedeutet werden kann, ist vom materialistischen Standpunkt erst in Ansätzen erforscht worden. Die dazu vorliegenden Ergebnisse werden im nächsten Abschnitt in den Kapiteln ›Epocheneinheit‹, ›Periodisierung‹ und ›Stileinheit der Vormärzperiode‹ näher betrachtet.

Soviel läßt sich jedoch nach diesen Ausführungen, die nicht mehr sein können, als erste, allgemeine Hinweise für eine historisch-materialistische Begründung der Vormärzzeit, sagen: Der materialistische Literarhistoriker ist in der Lage, die von der bürgerlichen

Literaturgeschichte nicht gemeisterten Probleme (epochentypisches Verhältnis von Literatur und Geschichte im Vormärz, Periodisierung, Epochenbezeichnung usw.) zu lösen. Die materialistische »Rekonstruktion« der ersten Hälfte des 19. Jahrhunderts ist keine Reise »in ein anderes, fremdes Land« (Sengle) oder gar in die »gute alte Zeit«, sie vergegenwärtigt vielmehr die Aufstiegsphase der bürgerlichen Klasse in ihrem Kampf gegen den Feudalismus, d. h. eine historische Phase der Klassenauseinandersetzung, deren Tradition für die gegenwärtige Auseinandersetzung noch aktuell ist.

Literatur:
Vgl. die Literaturhinweise zu Kapitel 2.1.2., Abs. 4, S. 27

2.2. Forschungsproblematik der Vormärz-Epoche

2.2.1. Zum Problem der Epocheneinheit

1. Darstellung der Epocheneinheit vor 1945: Biedermeier – 2. Darstellung der Epocheneinheit in den 50er Jahren: Restaurationszeit – 3. *Sengle:* Biedermeierzeit – 4. *Hermand:* neue Liberalität – 5. *Denkler:* neue Traditionswahl – 6. Darstellung der Epocheneinheit in der DDR-Literaturwissenschaft bis 1966 – 7. *Rosenberg:* dialektischer Neuansatz

1. 1967 schrieb Rosenberg in seinem Überblick über die Forschungsproblematik der deutschen Literatur des Vormärz, daß die Versuche der neueren (d. h. der nicht mehr biedermeier-orientierten) bürgerlichen Forschung, einen einheitlichen Epochenbegriff für die Vormärzzeit zu konstituieren, als gescheitert betrachtet werden müßten (S. 152 f.). So wie schon Volkmann (1936) gegen Kluckhohn (1935) betonte, daß für die Zeit von 1815 bis 1848 »eine geschlossene Formation aus all den Stufen und Gruppen sich nicht herauszubilden vermocht hat« (S. 5), wandte sich Hermand (1958) gegen die teilweise nach 1945 wiederauflebende Biedermeierforschung, als er anriet, statt der Epocheneinheit mehr die Vielfalt der »Strömungen« und »Richtungen« zu sehen (Formenwelt, S. 4). Ausgehend von dem allgemeinen Verdruß am Problem der (literarhistorischen) Epoche (vgl. dazu Kap. 2.1.1.) sprach man sich gegen eine Einheit der Vormärzzeit aus und zerlegte sie entweder dualistisch in zwei Hauptrichtungen (Biedermeier/Junges Deutschland) wie noch jüngst Sagarra (1972) – oder bestimmte sie als ›Zwischenepoche‹ und ›Übergangszeit‹, die geprägt ist durch das Ineinander bzw. Durcheinander von Altem und Neuem, wie bereits Titel bzw. Untertitel

der einschlägigen Darstellungen und Monographien zum Ausdruck bringen: »Zwischen Biedermeier und Bourgeoisie« (Greiner 1954), »Zwischen Klassik und Moderne« (Höllerer 1958), »... im Spannungsfeld zwischen Restauration und Revolution 1815–1848« (Sengle 1971) oder: »Revolution und Reflexion« (Windfuhr 1969), »Tradition und Revolution« (Sagarra 1972), »Integration und Konflikt« (Oesterle 1972), »Resignaton und Revolte« (Kohlhammer 1973), »Restauration und Revolution« (Denkler 1973). Gleichwohl ist, vor allem in den neueren Arbeiten, die zumeist den »Und«-Titel bevorzugen, das Bestreben zu erkennen, die verschiedenen Strömungen und Richtungen nicht mehr so sehr als divergierende, sondern als konvergierende Tendenzen darzustellen und somit zu einer neuen Epocheneinheit zu gelangen. Beide Bestrebungen sind dialektisch aufeinander bezogen, die Dialektik entspringt aber nicht immanent der Forschungsgeschichte, sondern leitet sich her von den vorherrschenden Interessen der jeweiligen Gegenwart und dem davon beeinflußten Erkenntnisinteresse der jeweiligen Forscher. Gerade am Beispiel der politisch brisanten Vormärzzeit und ihrer literarhistorischen Darstellung wird deutlich, wie sehr das wissenschaftliche, scheinbar objektive und neutrale Bild der Vergangenheit bzw. die Traditionswahl abhängig ist von Gegenwartsinteressen – ein Vorgang, der im wohlverstandenen wissenschaftlichen Sinne dann fragwürdig ist, wenn die unabdingbare »Korrelation von Vergangenheit und Zukunft« (Weimann) verschleiert bzw. nicht reflektiert wird.

Als Kluckhohn (1935) von der Zeit zwischen 1830 und 1855 (!), die er »Biedermeier« nennt, aussagte: »... diese Epoche ist die letzte, noch einigermaßen einheitliche deutsche Kulturepoche, auf die wir heute fast mit einem gewissen Neidgefühl zurücksehen« (S. 3), war das eine mindestens fahrlässige wissenschaftliche Aussage. Die darin zum Ausdruck kommende Sehnsucht nach deutscher Kultureinheit und Kontinuität mußte im Kontext der faschistischen Herrschaft, die solches Bedürfnis auf 1000 Jahre zu befriedigen vorgab, verschleiernd und systemstabilisierend wirken – ganz abgesehen davon, daß sich dieses Konzept nur mittels kräftiger Deformationen verwirklichen ließ. Auch nach 1945 waren aus vielen Stellungnahmen zur Biedermeier-/Vormärzzeit eher Rückschlüsse auf die ideologische Verfassung bürgerlicher Literaturwissenschaftler als auf die wirkliche Beschaffenheit der Epoche zu ziehen. Die Stilisierung des »Biedermeiers« zu einem aus aktuellen Defizitgefühlen genährten Wunschbild – so z. B. ganz ausgesprochen bei O. F. Bollnow (»Der Nachsommer und der Bildungsgedanke der Biedermeier«, in: Festschrift für E. Otto, Berlin 1957, S. 14–33) – vollzog sich nach 1945 in der BRD unter der »Erfahrung der Adenauerschen Restauration« (I, S. IX), wie Sengle jüngst selbstkritisch (wenn auch in einem von ihm anders gemeinten Sinne) bemerkte.

2. Diese Adenauersche Restauration war ganz allgemein geprägt durch eine Entpolitisierung, die sich sowohl in der Art und Weise der Faschismuskritik (»Vergangenheitsbewältigung«), der Auseinandersetzung mit dem Kommunismus (»Kalter Krieg«) wie auch in Traditionswahl und politischem Selbstverständnis (»Entideologisierung«) ausdrückte. Literaturwissenschaftlich ergaben sich aus dieser restaurativen Entpolitisierung der bereits in Kap. 1.1. beschriebene Verlust der geschichtlichen Dimension und die Beschränkung auf literaturimmanente Probleme, was in der Frage der Epochenbestimmung der Vormärzzeit dann die Ansicht der »Zwischenzeit« nahelegte, die in ihrer Strukturlosigkeit ein genaues Spiegelbild der Perspektivlosigkeit war, welche unter der Adenauerschen Restauration erlebt wurde. Das Eingehen des Zeitbewußtseins der 50er Jahre in die Vergangenheitsdarstellung ist in repräsentativer Weise an *Friedrich Sengle* zu sehen, der seinen eigenen Worten zufolge »als ein Gegner der Restaurationen von 1815 und 1945« (I, S. X) ausgezogen ist und doch an sie in sympathetischer Weise gebunden blieb.

In seinem 1956 erschienenen Aufsatz »Voraussetzungen und Erscheinungsformen der deutschen Restaurationsliteratur« beschrieb Sengle die Restaurationszeit 1815–1848 als eine Endzeit, in der die alten Traditionen der christlich-universalen Kultur auslaufen, obwohl unter Metternich ein letzter Versuch gemacht wird, sie zu retten (Vorauss., S. 287). Zum Scheitern verurteilt und deswegen letztlich verengt, wenngleich auch noch nicht restriktiv, ist diese Zeit für ihn gekennzeichnet durch »latente oder bewußt verhaltene Schwermut« (ebda., S. 288), die erst nach 1848 in einem Neuansatz durch den Realismus »in einer neuen freieren Einheit überwunden werden« (ebda., S. 292) konnte. Sengles Definition dieses Realismus, der als ›Überwinder‹ geradezu Schlüsselwert für die Einschätzung der Restaurationszeit besitzt, ist sehr aufschlußreich, da sie nahezu unvermittelt den ideologischen Standpunkt der Adenauerschen Restauration rückprojiziert auf die Metternichsche Ära und ihre Überwindung. »Unter Realismus verstehe ich«, so heißt es bei Sengle, »die gelassene Welthaftigkeit, die durch den Verzicht auf alle Ideologie [!] und durch die Anerkennung der verschiedensten individuellen und kollektiven Substanzen [!] möglich wird, einen Imanentismus, der sich von der bloßen Verneinung der alten Mythen ebenso fernhält wie von der bewußten Produzierung neuer [!] und damit wirklich zu sich selbst gekommen ist« (ebda., S. 292). Das kann man auch als das ideologische Wunschbild entpolitisierter Bürgerlichkeit im Adenauer-Deutschland bezeichnen, und wenn Sengle im Schlußsatz seines Aufsatzes den Restaurationszeit-Dichtern Aktualität »in unserem schon längst wieder zerrissenen, vom Realismus abgefallenen Land« (ebda., S. 294) zuerkennt, so liegt der latent an deformierten Bedürfnissen der Gegenwart orientierte Wertmaßstab doch noch offen zutage. (Vgl. dazu auch Vormärz 1973, S. 254 f.)

3. Sengle hat diesen Standpunkt im Grundsätzlichen bis heute bei-
behalten. Sein Monumentalwerk »Biedermeierzeit« (1971 ff.) ver-
steht er als den »erste[n] Versuch, das Zeitalter der Metternichschen
Restauration (1815–48) in sich selbst, als eine relativ selbständige
Größe, nicht nur als Übergangs- oder Epigonenzeit zu begreifen...« (I, S. VII). Die Einheit dieser »Nachkriegs- und Nachrevo-
lutionsepoche« (I, S. 31) sieht er in der durch diese geschichtliche
Situation bedingten »Grundstimmung der Menschen« (I, S. 1), dem
Weltschmerz, den Sengle als »Götterdämmerung des Christentums«
(I, S. 28) bezeichnet. Der rein idealistische Ansatz führt nicht nur
dazu, im Umwälzungs- und Zerfallsprozeß des feudalistischen
Überbaus die treibende Kraft zu sehen, sondern fixiert zugleich auch
den Blick auf das Vergangene und Vergehende: so erscheint die
»Biedermeierzeit« bei Sengle als abendländische Spätzeit, in der
letztmalig versucht wurde, nach universalen Ordnungsprinzipien zu
leben. Wenn Sengle sich auch bemüht, unter Berücksichtigung der
progressiven Tendenzen »die dialektische Epocheneinheit« (I, S.
199) zu zeichnen – schließlich kann er ja nicht leugnen, daß diese
Epoche mit einer in die Zukunft weisenden Revolution endete – so
müssen diese Anstrengungen trotz größten Aufwandes scheitern,
weil er aufgrund seines Geschichtsverständnisses die Elemente des
Neuen in ihrem wichtigen Zusammenhang mit der Gegenwart nicht
erkennen und deswegen auch nicht konzeptionsbestimmend werden
lassen kann. Heraus kommt, wie Rosenberg in seiner respektvoll-
kritischen Rezension bemerkt, eine Konzeption, »in der das historisch. Überständige, das aktuellen Forderungen Ausweichende und
dem Bestehenden Angepaßte regiert« (S. 310).

Solchem Konzept liegt ein Geschichtspessimismus zugrunde, der aber
nicht genährt wird aus der spezifischen Erkenntnis der vergangenen »Biedermeierzeit«, sondern aus den Gegenwartsbedingungen des erkennenden Subjekts, das über keine illusionslose Perspektive für die Zukunft verfügt. Während Sengle 1956 noch den »Realismus« als (freilich illusionäre) Perspektive
hatte, ist 1971 kein Ausblick zu erkennen – und mit dem endgültigen Verlust
der Zukunft geht auch die Erkenntnis der Vergangenheit verloren. So ist ihm
die »Biedermeierzeit« heute »endgültig historisch geworden« (I, S. IX), eine
Zeit, die archäologisch rekonstruiert werden muß – und gleichzeitig im
Widerspruch dazu aktuell, beruhend »auf ihrem leidenschaftlichen Ord-
nungsdenken und -fühlen, auf ihrer großartigen Entschlossenheit, den
›Zusammenhang aller Dinge‹ festzuhalten... Wenn die Epoche trotz und
wegen ihres Ordnungs- und Harmoniebedürfnisses, in Parteien, die sich in-
grimmig befehdeten, zerrissen war, ja wenn der Riß, oft heimlich, auch durch
die einzelnen Menschen hindurchging so wird sie einem immer noch strei-
tenden und zerrissenen Geschlecht dadurch nur um so verständlicher und in-
teressanter« (I, S. 82). Eine derartige Vergangenheitskonstruktion, in der

zum einen der Bezug zur Gegenwart starr abgeschlossen und zum anderen unhistorisch im Überspringen von 150 Jahren hergestellt wird (etwas, was Sengle mit Recht an Höllerer kritisierte und jetzt bis hin zur Verwendung moderner ideologischer Begriffe wie »Koexistenz«, »Systemkämpfe«, Kampf zwischen »Kollektivismus« und »Individualismus« usw. selbst praktiziert), eine derartige Vergangenheitskonstruktion bleibt esoterisch: sie stiftet lediglich die – nostalgische – Einheit, deren das erkennende Subjekt bedarf. (Vgl. des weiteren zu Sengles spezifischem, anti-dialektischem Geschichtsbegriff: *Friedrich Sengle:* Die deutsche Literatur des 19. Jahrhunderts, gesellschaftsgeschichtlich gesehen. In: Literatur – Sprache – Gesellschaft. Hrsg. von Karl Rüdinger. München 1970, S. 73–101.)

So betrachtet, wird man Sengles Hauptwerk entgegen seinem Selbstverständnis nicht als »Pionierarbeit«, sondern vielmehr »als erratische[n] Block« (I, S. XII) ansehen müssen, der – behaun im Geist der Adenauerschen Restauration – sich bewahrt hat bis in eine Gegenwart, die von sich erklärte, die Nachkriegszeit beendet zu haben. An diesem Anachronismus der Sengleschen »Biedermeierzeit« ändern auch nichts jene im Rahmen der bürgerlichen Literarhistorie vorwärtsweisenden Momente: die (wenn auch nicht methodenbestimmende) Berücksichtigung der Sozialgeschichte, die Erschließung neuer Stoffbereiche (Rhetorik, Poetik, Stilistik) und vor allem das Konzept der Epocheneinheit der Zeit zwischen 1815–1848 (auch wenn die Verwirklichung dieses Konzepts zu kritisieren bleibt). Sengle knüpft hier an Entwicklungstendenzen an, die seit den 50er Jahren deutlich wurden und dann im Verlaufe der 60er Jahre zu einer Modernisierung des literarhistorischen Ansatzes führten.

4. Im folgenden soll versucht werden, diese neuen Tendenzen im Zusammenhang mit der Vormärz-Rezeption, d. h. vor allem mit dem gegenüber der überkommenen Biedermeier-Forschung revidierten Epochenkonzept für die Zeit von 1815/30/40 bis 1848 kritisch zu betrachten.

Die seit Ende der 50er Jahre sich verstärkende Forderung nach intensiverer Berücksichtigung der Geschichtlichkeit der Literatur (vgl. dazu Kap. 1.1.2.) hatte für die Vormärz-Forschung zunächst keine Folgen. Zwar nahm Höllerer (1958) für sich in Anspruch, bei der Darstellung der »Übergangszeit« 1832–1856 (Goethes und Heines Tod!) das »Geflecht der Wechselbeziehungen in der gegenseitigen Beleuchtung von Zeitgeschichte, Gesellschaftsgeschichte, Geistesgeschichte, Sprach- und Stilgeschichte« (S. 11) methodisch zu berücksichtigen, doch bleibt es lediglich beim Anspruch. Sengles (1964) Klage: »Es ist eine große Gefahr für die Literaturgeschichte, wenn als ihr systematischer Hintergrund immer nur, wie es heute üblich ist, die Poetik und Ästhetik erscheint« (Aufgaben, S. 254) trifft auf Höllerers Buch völlig, auf seine eigene, damals in Arbeit befindliche Darstellung der »Biedermeierzeit« – wie gezeigt wurde – in großem Maße zu.

Wenn seit etwa der Mitte der 60er Jahre der sozialgeschichtliche Zusammenhang der Literatur und damit eng verbunden eine neu strukturierte Zuwendung gerade zur Vormärzzeit zu erkennen ist, so hängt das zum wenigsten mit forschungsgeschichtlichen Ursachen zusammen (bestimmt nicht: Überfälligkeit dieser neuen Betrachtungsweise; eher schon: Herausforderung durch die Forschungen der DDR-Literaturwissenschaft). Bestimmender für diesen Umschwung, und bis in die variierten Konzeptionen dieser neuen BRD-Vormärzforschung wirkend, waren die krisenhaften gesellschaftspolitischen und ideologischen Umschichtungen in der BRD, deren Hauptinhalt in einer sozialliberalen Öffnung der restaurativ verkrusteten Verhältnisse bestand. Dabei hat die Bedeutsamkeit der Frage nach der Einschätzung dieser »Öffnung«, d. h. danach, ob diese Liberalisierung ein von der Basis initiierter hoffnungsvoller Prozeß ist (vgl. *Vormärz 1973*, S. 243) oder eher eine von den Trägern der herrschenden Klasse entwickelte Anpassungsideologie »im Schoße der unangetastet bleibenden imperialistischen Gesellschaft« (so: *Dau*, S. 71), zunächst zurückzutreten hinter die Frage, wie sich denn dieser Vorgang im Bewußtsein der erkennenden Subjekte widerspiegelte und ihre Interessen bestimmte. So vielfältig die Reaktionen im gesamten Ideologiebereich waren, im besonderen Bereich der Literaturgeschichte und hier speziell in der Vormärz-Forschung dominierte eine bestimmte Variante, deren repräsentativer Vertreter Jost Hermand geworden ist.

Als Hermand 1966/67 seine beiden Dokumentationsbände über das ›Junge Deutschland‹ und den ›Vormärz‹ veröffentlichte, sah er von da ab rechts von sich das Biedermeierkonzept der konservativen BRD-Germanistik (bzw. das, was davon noch übrig geblieben war) und links von sich das Vormärzkonzept der DDR-Germanistik. Beide Konzepte lehnte er als einseitig ab, übernahm aber von beiden ihm wichtig erscheinende Aspekte und entwarf eine neue, der Krisensituation der bürgerlichen Germanistik methodisch angepaßte und doch zugleich »progressive« Synthese. Daß diese Progressivität, wie sich in Abwandlung einer Bemerkung von R. Dau formulieren läßt, zum größten Teil darin bestand, jenen Staub aufzuwirbeln, der sich durch die konservative Senilität der bürgerlichen Germanistik angesammelt hatte (vgl. *Dau*, S. 73), sollte am Beispiel Hermands, stellvertretend für viele bürgerliche Progressive, durchaus beachtet werden: wer genau hinsieht, erkennt, daß weder »das Maß an politischer und sozialer Konkretheit ... so groß [ist], wie es ihr verbaler Anspruch vermuten ließe« (*Dau*, S. 71), noch der Methodenpluralismus des »Synthetischen Interpretierens« einen qualitativen Fortschritt gegenüber der überkommenen Methodenmisere darstellt. Was nun die Synthese im Epochenkonzept anbetrifft, so knüpft Hermand genau an das durch »innere Gespaltenheit und zugleich Einheitlichkeit« (Ep.probl., S. 17) gekennzeichnete Epochenbild seines Lehrers Sengle an: auch ihm erscheint als epochentypisch das dialektische »Wechselspiel von biedermeierlichen und antibiedermeierlichen [sprich: liberalen] Kräften« (ebda., S. 17), nur verschiebt er zunächst im Gegensatz zu Sengle das Schwergewicht nicht auf die biedermeierliche, sondern eher auf die liberale Richtung, wenn er die literarischen Bewegungen des Jungen Deutschland und der politischen Dichter der 40er Jahre als »Teil eines sich allmählich radikalisierenden Zeitgeistes« (*Hermand*, Vormärz, S. 360) bzw. als Beschleunigung der »komplizierte[n] Emanzipationsspirale der Menschheit« (Jg. Dt., S. 374) beschreibt und ausführt, »daß diese Ära eine innere Logik und Konsequenz besitzt« (*Hermand*, Vormärz, S. 388), die in der bürgerlich-demokratischen Revolution gipfelte. Diese Ansätze kann Hermand jedoch nicht ernsthaft weiterverfolgen, weil er aufgrund seines idealistischen Geschichtsverständnisses daran gehindert wird; die Folgen für sein Epochenverständnis der Vormärzzeit werden sogleich deutlich: Indem Hermand die Revolution von 1848 als krasse Niederlage interpretiert und ihrem »Scheitern« zuschreibt, daß »damit eine der wichtigsten Chancen vertan [wurde], die Deutschland im 19. Jahrhundert hatte, nämlich sich der ›westlichen‹ Liberalisierung und Demokratisierung anzuschließen…« (ebda., S. 393), kommt er rückblickend auf die Epoche im Prinzip wieder zu Sengles Ergebnis: »Wer also siegte, war, aufs Ganze gesehen, doch die lange Biedermeierzeit mit all ihren totalitären (!) Begleiterscheinungen…« (ebda., S. 393). Wenn Hermand gleichwohl irgendwie daran festhält, daß es für die heutige Literaturgeschichtsschreibung in Fortführung der Traditionen aus der Zeit der Weimarer Republik darauf ankomme, »neben den nationalen auch die liberalen, radikal demokratischen, sozialistischen und kommunistischen Aspekte dieser Bewegung [des Vormärz] ins Auge zu fassen…« (ebda., S. 359), so wird einmal mehr deutlich, wie kaum reflektierte politische Konstellationen der Gegenwart das wissenschaftliche Bild formieren. Hermands Vormärz-Konzept erwächst keinesfalls aus der Epoche selbst, sondern ist eine Konstruktion spätbürgerlicher Liberalität, die »der abgelebten Tradition einer abstrakt-republikanischen Idealität« (*Dau*, S. 71) verhaftet bleibt.

5. Die auch andere Konzeptionen bestimmende Traditionsbruch-These steht in direktem dialektischen Zusammenhang mit der neuen Liberalität seit den späten 60er Jahren in der BRD, da diese – die konservative wie die sozialistische Traditionswahl ablehnend – zur Rechtfertigung ihrer besonderen »Perspektive« einen eigenen Traditionszusammenhang bilden mußte. In dieser liberalen Perspektive verkürzt sich Geschichte zu einem eher voluntaristischen Prozeß, in dem kurze, meist am Ende scheiternde Phasen der Liberalität und Emanzipation mit längeren Phasen der Unvernunft, Unterdrückung und (totalitärer) Verblendung wechseln: für den Liberalen kommt es aber darauf an, die Kontinuität trotz Traditionsabbruch zu bewahren und dabei zu erkennen, »daß es um die Traditionen politischen Denkens in Deutschland nicht ganz so schlecht bestimmt ist, wie es manchmal scheinen mag. Für die Nach-

geborenen gilt es nur, an die richtigen Traditionen anzuschließen«
(*Denkler*, Rest., S. 22).

Daß eine derartige »Traditions*aus*wahl«, wie es treffender heißen
müßte, ahistorisch ist, indem in ihr politische Ideen der Vergangenheit mit der Gegenwart zusammengeschlossen werden, ohne daß
deren unterschiedlicher Ort in den historischen Klassenauseinan-
dersetzungen Berücksichtigung findet, stört dabei offenbar wenig.
Die »richtigen« Traditionen aus dem 18./19. Jahrhundert sind bei
Hermand und denen, die ihm folgten (z. B. Grab/Friesel, Sonnemann), Aufklärung, Jakobinismus und Vormärz. Indem man an sie,
d. h. an bestimmte Phasen des bürgerlichen Aufstiegs, anknüpft,
hofft man, gegenüber dem von bestimmten gesellschaftlichen Kräften (so Hermand) bzw. von der Germanistik (so Grab/Friesel) ver-
fälschten Bild der Vergangenheit »eine andere literarische Tradition
aufzuzeigen, im Gegenbild« (*Grab/Friesel*, S. 13) oder, wie es bei
Denkler heißt, »nützliche Lehren für das 20. Jahrhundert« (Rest.,
S. 20) zu gewinnen. Solche Nützlichkeit muß aber diffus, ja sogar
verschleiernd wirken, solange nicht das Erkenntnis-Interesse und
der Standpunkt in der Gegenwart genau bezeichnet werden. Das
aber geschieht weder bei Hermand noch bei Denkler, der lediglich
seine »Parteilichkeit«, seine Sympathie mit »dem historisch-politischen Fortschritt« (Rest., S. 21) erklärt und als Ziel seiner Darstellung »die Erschließung deutscher Ideologiegeschichte um der
Gegenwart willen« (ebda., S. 22) angibt. So bleibt nicht ausgeschlos-
sen, daß bestimmte Erfahrungen in dieser Gegenwart unreflektiert
in die Darstellung einfließen (vor allem seit 1966 die Auseinandersetzung mit dem Marxismus in der DDR bzw. in der Neuen Linken,
der sich als »einzig legitimen Erben des humanistischen und demokratischen Gedankenguts von Aufklärung, Klassik und revolutionärer Vormärzliteratur« (*Pepperle*, S. 183) versteht und deswegen
den Liberalen herausfordern muß) und somit gerade das Epochenbild ›Vormärz‹ massiv beeinflussen.

Zunächst einmal ist zu bemerken, daß das ahistorische Isolieren der ›progressiven‹ Bestrebungen vom Ansatz her kein einheitliches Epochenbild,
sondern nur ein dualistisches, allenfalls ein in der Zweiheit geeintes Epochenbild zuläßt. Tatsächlich gehen für den Zeitraum 1815/30–1848 Hermand, wie schon dargelegt, ebenso Jäger und Sagarra von einem dualistischen
Konzept aus. Wenn sie vom »Vormärz« sprechen (Sagarra benutzt den Ausdruck »Junges Deutschland«), dann meinen sie »die politisch progressiven,
liberalen bis radikaldemokratischen, Autoren der Epoche« (*Jäger*, S. 9,
ebenso 1969 noch *Stein*, Polit. Bew., S. 21 f.) und verstehen unter »Epoche«
zumeist den Zeitraum von 1830 bis 1848; Hermand bezeichnet sogar als »den
eigentlichen Vormärz« die Jahre von 1840 bis 1848 (*Hermand*, Vormärz, S.

359). Die Einheit dieser auf eine »Richtung« bzw. »Bewegung« oder »Strömung« reduzierten Vormärzliteratur ergibt sich, so betrachtet, vom Ende her, dem Einmünden in die bürgerlich-demokratische Revolution: sie ist zu erfassen in der Politisierung, Fraktionierung und Radikalisierung der Literaturbewegung – »dem Schrifttum von vornherein eingegeben, durch die spezifischen Zeitumstände der Epoche zwischen Wiener Kongreß und Märzrevolution herausgehoben und von den Autoren bewußt oder unbewußt, willig oder widerwillig vorangetrieben . . .« (*Denkler*, Rest., S. 18).

Konservative Literarhistoriker wie z. B. Koopmann und in gewisser Weise auch Sagarra sind dabei bestrebt, diesen Radikalisierungsprozeß interpretatorisch dadurch zu relativieren, daß sie die rückwärtsgewandten, bewahrenden Tendenzen aufwerten und damit die von den Vormärzdichtern beanspruchte bzw. ihnen zugeschriebene Fortschrittlichkeit als Flucht vor der Wirklichkeit ins Utopische enthüllen: » . . . das Neue erweist sich auch von hierher als das bewahrte [bzw. als das verfehlte] Erbe des Vergangenen« (*Koopmann*, S. 106). Liberale Literarhistoriker wie z. B. Hermand erkennen zwar den Radikalisierungsprozeß an, zensieren aber die Extreme, was vor allem die sozialistischen Schriftsteller der 40er Jahre trifft. Nicht zuletzt deswegen betont Hermand nachdrücklich den Unterschied zwischen dem liberalen »Jungen Deutschland«, dessen Positionen er rechtfertigt, und dem radikalen »Vormärz«, den er wegen seiner »Neigung zur Einseitigkeit« (*Hermand*, Vormärz, S. 368), zur »Intoleranz« bzw. »zum Orthodoxen, Fanatischen oder Unfreien« (ebda., S. 368) kritisiert. Es würde nicht schwerfallen, an den wissenschaftlichen Positionen eines Koopmann wie auch Hermand bundesdeutsche Gegenwartsideologie zu demonstrieren, denn war sieht nicht, daß mit den Jungdeutschen hier und den »Vormärzdichtern« dort die (BRD-)Linke gescholten wird.

Da steht es allerdings mit radikal-demokratischen Literarhistorikern wie z. B. Jäger schon anders. Jäger betont: »Zum Selbstverständnis des Vormärz gehört die Erbschaft der Jakobiner . . .« (*Jäger*, S. 9), was wegen deren idealistischen Ansatzes zugleich aber auch kritisch gemeint ist. Wenn Jäger dabei seine Kritik mit den Worten präzisiert: »Die Ursache der bürgerlichen und proletarischen Unfreiheit wird nicht in den ökonomischen Verhältnissen gesehen, es wird mehr oder weniger naiv an die verändernde Kraft des aufklärenden Wortes und des poetischen Bildes geglaubt« (ebda., S. 10), so nähert er sich damit materialistisch begründeten Erkenntnisansätzen an.

Literatur:
Zum Problem der Epocheneinheit in der bürgerlichen Forschung:
Kluckhohn, S. 1–43.
Ernst Volkmann: Um Einheit und Freiheit. 1815–1848. [Einleitung]. Leipzig 1936, S. 5 ff.
Martin Greiner: Zwischen Biedermeier und Bourgeoisie. Ein Kapitel deutscher Literaturgeschichte im Zeichen Heinrich Heines. Leipzig 1954.
Sengle: Vorauss., S. 268–294.
Walter Höllerer: Zwischen Klassik und Moderne. Lachen und Weinen in der Dichtung einer Übergangszeit. Stuttgart 1958.

Norst, S. 147–168.
Hermand: Ep. Probl., S. 3–61.
Helmut Koopmann: Das Junge Deutschland. Analyse seines Selbstverständnisses. Stuttgart 1970.
Jäger
Weitere Literaturangaben am Ende von Kap. 2.1.2., Abs. 3.
Kritik:
Pepperle
Günther Oesterle: Rezension von »Zur Literatur der Restaurationsepoche 1815–1848«. (Hrsg. von Jost Hermand und Manfred Windfuhr, Stuttgart 1970). In: Das Argument 70 (1972). Sonderband: Kritik der bürgerlichen Geschichtswissenschaft I, S. 273–276.
Rainer Rosenberg: Rezension von: Friedrich Sengle: Biedermeierzeit. Deutsche Literatur im Spannungsfeld zwischen Restauration und Revolution 1815–1848, Bd. 1, (Stuttgart 1971). In: Referatedienst zur germanistischen Literaturwissenschaft 4 (1972), H. 3, S. 307–310.
Dau, S. 67–98.

6. Als entscheidender Anstoß zu einer grundsätzlichen Neubesinnung über das Problem der Epocheneinheit des Vormärz müssen die sowohl methodisch wie auch inhaltlich neuen Ansätze der (vor allem jüngsten) DDR-Literaturwissenschaft betrachtet werden. Bei der kritischen Beurteilung ihrer Ergebnisse, die durchaus nicht immer so gleichartig sind, wie sie oft hingestellt werden, sind die durch die gesellschaftliche Entwicklung seit 1949 bedingten Modifikationen des Erkenntnis-Interesses, denen die DDR-Vormärzforschung unterlag, zu berücksichtigen.

Ausgangspunkt war das starke kulturpolitische Interesse des neuen sozialistischen Staates, das fortschrittliche humanistische Kulturerbe nicht nur zu bewahren, sondern im Nachweis ihrer Tradition eine Kontinuität aufzuzeigen, an deren Ende der Staat der DDR steht (vgl. *Kaiser*, S. XXVII). Die an diesem gesellschaftlichpolitischem Interesse anfänglich noch recht rigide orientierte Kultur- bzw. Literaturforschung wich – im Zuge der politischen Konsolidierung – immer mehr einer differenzierteren sozialistischen Rezeption des Kulturerbes und ihrer spezifischeren Integration in die Gegenwart, womit sowohl die Intensivierung der methodologischen Reflexion (vor allem in der Zeitschrift »Weimarer Beiträge«) einherging als auch die Organisierung der Literaturforschung selbst: hier ist neben den seit 1953 bestehenden »Nationalen Forschungs- und Gedenkstätten der klassischen deutschen Literatur in Weimar« vor allem das 1969 gegründete Zentralinstitut für Literaturgeschichte« zu nennen. Auf dem Hintergrund dieser nur grob skizzierten Entwicklung ist der an Bedeutung immer mehr zunehmende Beitrag gerade der DDR-Vormärzforschung zu sehen.

Im Zuge der Begründung einer demokratisch-sozialistischen Tradition der deutschen Literaturgeschichte hatte vor allem der Vormärz als Zeit »der ersten Zeugnisse einer Literatur, die vom Klassenstandpunkt des Proletariats geschrieben ist« (*Rosenberg*, Vormärz, S. 149) Interesse gefunden. Ausgehend von den revolutionär-demokratischen Schriftstellern (Büchner, Heine, Herwegh, Weerth sowie weiteren Achtundvierzigern), deren Werke zeitig ediert, erläutert und interpretiert wurden (vgl. dazu *Rosenberg*, Vormärz, S. 149; *Vormärz 1973*, S. 256 ff.), wandte man sich bald auch den bürgerlich-liberalen Autoren dieser Epoche zu und faßte beide Richtungen als »Vormärzliteratur« zusammen, letzteres begrifflich oft noch nicht exakt (vgl. *Geerdts 1964*, S. 336; *Obermann* ³1967, S. 213 sowie die *Vormärz-Erläuterungen* 1952–1972). Noch 1969 bestimmte Stanescu in einem speziell diesem Thema gewidmeten Aufsatz als Vormärzliteratur »die politisch nuancierte Literatur schlechthin und die gesellschaftskritische Lyrik insbesondere, die sich vorwiegend im zweiten Viertel des 19. Jahrhunderts entfaltet hat« (S. 1287), d. h. er schloß die biedermeierliche Dichtung begrifflich aus. Dieser auf die (progressiv-)politische Literatur (Lyrik) »der Vorbereitungsphase der deutschen bürgerlichen Revolution« (*Werner*, 1964, S. 557) eingeschränkte Vormärzbegriff entsprang dem oben erwähnten ideologischen Bedürfnis nach »Pflege einer großen fortschrittlichen Tradition und der patriotischen Erziehung unserer Jugend« (*Erläuterungen* ⁹1972, S. 5) – er wurde dann von Hermand 1967, freilich mit ganz anderen Zielsetzungen, in die westdeutsche Forschung eingeführt.

Zu diesem Zeitpunkt begann aber in der DDR bereits die Kritik am eingeschränkten Vormärzbegriff, da er den Biedermeierbegriff wie einen Schatten stets im Gefolge haben mußte und somit ein undialektischer Dualismus bestand. Werners 1966 zuerst geübte Kritik, daß das bisherige sozialistische Vormärz-Konzept ebenso wie das bürgerliche Biedermeier-Bild »Ausdruck von weltanschaulich und politisch gegensätzlichen Konzeptionen« sei und in »beiden Fällen durch die Begriffsbildung widerstrebende, aber auch ineinander übergehende Tendenzen rein voneinander geschieden [werden], so daß schließlich eine von ihnen als die bestimmende ausgegeben werden kann« (Pol. Ged., S. 8 f.), war bemerkenswert: hier wurde zum erstenmal die lange Zeit herrschende, letztlich undialektische Erberezeption kritisiert und damit eine neue Phase der Vormärz-Rezeption eingeleitet. Werner selbst hatte daran kaum Anteil, denn da er aus seinem Vorwurf die Konsequenz gezogen hatte, »Vormärz« als literarischen Epochenbegriff für die Zeit 1815–1848 (wie er ihn in »Deutsche Literatur im Überblick«, Leipzig 1965, noch bestimmt hatte) aufzugeben, blieb ihm nur noch der historische Begriff übrig. Als solcher wurde ›Vormärz‹ dann von ihm und anderen Forschern in der DDR weiter verwendet (z. B. *Feinkonzeption*, Bd. 8, S. 10; sowie in den großen Bibliographien »Jahresbericht für deutsche Sprache und Literatur«, Bd. 2, S. 640 und »Internationale Bibliographie zur Geschichte der deutschen Literatur«, Teil II, 1, S. 398 ff., 697 ff.).

7. Gegen die undialektische, auf inhaltlich-politische Fortschrittlichkeit begrenzte Vormärz-Rezeption wandte sich zuerst und aus-

drücklich R. Rosenberg (1967) und verlangte: »Jetzt kommt es darauf an, die Literatur dieser Epoche *in ihrer Gesamtheit* [Hervorhebung von P. S.] zu erfassen, sie theoretisch zu durchdringen und – aus Kenntnis der großen gesellschaftlichen und allgemein ideologischen Probleme der Zeit – die Beziehungen von Literatur und Gesellschaft und die spezifischliterarischen Probleme durchgehend zu untersuchen« (S. 149). Indem Rosenberg, die orthodoxe marxistische Theorie der planen Widerspiegelung durchbrechend, ausging von der Erkenntnis, daß Kunst und Literatur »eine relative Eigenbewegung [haben], die die allgemeinen historischen Gesetzmäßigkeiten spezifisch variiert« (S. 150), schärfte er den Blick für ideologische und künstlerische Ungleichzeitigkeiten bzw. für dialektische Pro- und Regressionen in der Vormärzliteratur und vermochte nun Schriftsteller und literarische Prozesse in ein Vormärz-Epochenkonzept zu integrieren, die bislang von der marxistischen Literaturwissenschaft unbeachtet geblieben bzw. nicht vollständig interpretiert worden waren (z. B. Droste, Mörike, Grillparzer und andere Schriftsteller, die sich der antifeudalen Oppositionsbewegung im Vormärz nicht angeschlossen haben). Rosenberg hat diesen umfassenderen Vormärz-Epochenbegriff in dem von ihm erarbeiteten Abschnitt der Feinkonzeption der »Geschichte der deutschen Literatur« Bd. 9 (1969), genauer begründet. Der 1967 noch vorhandene Widerspruch zwischen materialistischem Anspruch und quasi-idealistischer Beweisführung (vgl. den Ausgangspunkt bei der Weltanschauungskrise, vor allem: das Beharren darauf, daß der Epochenbegriff primär »aus den zentralen Problemen der Literatur dieses Zeitraums konstituiert« [S. 159] werden müsse) ist nun beseitigt: Rosenberg geht jetzt davon aus, daß die »Vorgänge im gesellschaftlichen und Ideologiebereich als letztlich bestimmende Grundlage spezifisch zu erfassender literarischer Eigengesetzlichkeiten und literarischer Konzeptionsbildungen anzusehen sind« (*Feinkonzeption*, Bd. 9, S. 282). So betrachtet, ist die Vormärzepoche die Zeit, in der der Prozeß der bürgerlichen Umwälzung in seine gesellschaftsgeschichtlich entscheidende Phase tritt; diese Vorgänge bewirken im Ideologiebereich »qualitative Denkumbrüche« (ebda., S. 276), die sich als allgemeine, ideologisch epochenkonstituierende Krise des Traditionsbewußtseins beschreiben läßt.

Die Ansätze und Einheit der deutschen Literatur des Vormärz, so heißt es bei Rosenberg in einem hier ausführlich wiedergegebenen, da sonst nirgends wieder so präzise formulierten Absatz, seien »daher dort aufzusuchen, wo diese Krise durch die Negation der romantischen Lösungsversuche verschärft wird und Auswege aus der Krise gesucht werden, die einen Prozeß der generellen Ablösung von der klassisch-romantischen Literaturtradition einleiten.

Die *beiden Grundrichtungen* dieser Suche nach dem Ausweg, bestimmend für die Herausbildung zweier objektiv ideologisch-ästhetisch divergierender großer Parteien in der deutschen Literatur seit *Anfang der zwanziger Jahre.* Erstens: Übergang auf einen bürgerlich-progressiven politischen Standpunkt und politisches Engagement für die Durchsetzung bürgerlicher Lebensnormen in allen Bereichen des gesellschaftlichen Lebens. Zweitens: Rückzug aus der Öffentlichkeit und Beschränkung auf den scheinbar gesicherten engen Bereich als konservative Reaktion auf die gesellschaftliche (kapitalistische) Entwicklung und auf das Scheitern des Versuches, die Veränderungen des gesellschaftlichen Lebens von den traditionellen ideologisch-ästhetischen Positionen aus total zu erfassen.

Beide Grundrichtungen bestimmt von einem unter dem Eindruck des Versagens der idealistischen Philosophie gegenüber dem Kapitalisierungsprozeß entstehenden veränderten Haltung gegenüber der Wirklichkeit, die durch eine (...) neue Schärfe der Beobachtung, Genauigkeit des Faktischen, ein empirisch-analytisches Herangehen an die Wirklichkeit gekennzeichnet ist.

Diese veränderte Haltung gegenüber der Wirklichkeit sich *zuerst* ankündigend in dem Teil der Literatur, die den Ausweg aus der Krise in der Gewinnung eines bürgerlich-oppositionellen politischen Standpunkts findet, also bei Heine, Chamisso, Grabbe, Büchner, Nestroy, *aber nicht beschränkt auf diesen Teil der Literatur und auch nicht gleichlaufend mit dem bürgerlich-oppositionellen politischen Engagement des Vormärz,* vielmehr darin auch weiterwirkend Momente eines ins Politisch-Aktivistische gewendeten – dem Ursprung nach romantischen – Subjektivismus, *andererseits* neue Qualität der Wirklichkeitsbeziehungen im Spätwerk Goethes wie auch in einem bedeutenden Teil jener Literatur, die sich auf die menschliche Einzelseele (das individuelle seelische Erleben), die (heimatliche) Natur, die (Lokal-) Geschichte und Sage (die Lyrik Mörikes und der Droste), das lokal und sozial vertraute vorkapitalistische (bäuerliche) Milieu (die Droste), den einzelnen unbelebten Gegenstand (Mörike) zurückzieht, bzw. den Rückzug aus der Öffentlichkeit und die Beschränkung auf den engen Bereich am großen Gegenstand exemplifiziert (Grillparzers ›Traum ein Leben‹). Auch dieser Rückzug also eine allmähliche, wenngleich – da ungewollt – unvollständige Ablösung von der Tradition, wo die Wirklichkeit – infolge des Fragwürdigwerdens der traditionellen ideologischen Positionen – nicht mehr von einer universalen dichterischen Idee aus, sondern in den Grenzen individueller Erfahrung als empirische Wirklichkeit gestaltet wird.« (*Feinkonzeption*, Bd. 9, S. 311 ff., Hervorhebungen von P. S.)

8. In der 1972 von Rosenberg veröffentlichten Einleitung zum Vormärzband der »Geschichte der deutschen Literatur« ist – ebenso wie in dem von einem Autorenkollektiv verfaßten Aufsatz »Historisch-inhaltliche Konzeption der Geschichte der deutschen Literatur von der Aufklärung bis zur Gegenwart« – die *Dialektik* der bei-

den Grundrichtungen der Vormärzliteratur nur oberflächlich berücksichtigt. Wie schon vor Werners Kritik wird fast ausschließlich die »fortschrittliche Klassenlinie deutscher Literatur« (*Konzeption*, S. 65) bzw. die »Hauptlinie« (*Rosenberg*, 1972, S. 123) verfolgt und nahezu undialektisch als »progressive Alternative des Auswegs aus der Krise« (ebda., S. 131) der regressiven Alternative, d. h. der anderen Grundrichtung der Vormärzliteratur gegenübergestellt. So wenig sich bestreiten läßt, daß die bürgerlich-progressive Literaturrichtung als die historisch weiterführende (wenn auch nicht gleich historisch siegreiche) Bewegung zur »Hauptlinie« erklärt werden kann, so verkehrt wäre es, ihr alle ›Progressivität‹ und der anderen (kurz: biedermeierlichen) Linie alle ›Regressivität‹ zuzuschreiben: das liefe auf einen Dualismus hinaus, der ja gerade durch Rosenbergs Konzept 1969 überwunden worden war. Die 1974/75 erscheinenden Bände der DDR-»Geschichte der deutschen Literatur« sowie Rosenbergs neues Buch, das den Arbeitstitel »Literaturverhältnisse im deutschen Vormärz« trägt, werden Aufschluß darüber geben, in welche Richtung die DDR-Vormärzforschung weitergehen wird.

Was die zentrale Frage nach der Epocheneinheit des Vormärz betrifft, so kann abschließend festgestellt werden: die gesellschaftlichen Veränderungen im Prozeß des Übergangs von der feudalen zur bürgerlichen Ordnung prägen als krisenhafte Veränderung der Wirklichkeitserfahrung das Werk aller Schriftsteller des Vormärz – »ob diese Schriftsteller nun mit der Entwicklung übereinstimmten und sie vorantrieben oder vor ihr zurückschreckten« (*Rosenberg*, Rez. 1972, S. 308). Die Unterschiedlichkeit, ja Gegensätzlichkeit der Reaktion auf diese Veränderungen bleibt dialektisch vermittelt und ist – so betrachtet – einheitlich. Es wird eine der Hauptaufgaben künftiger Vormärz-Forschung sein, genauer nachzuweisen, daß sich das dialektische Widerspiel von Traditionskritik und -bewahrung in *beiden* Grundrichtungen der Vormärzliteratur findet, wobei das kritische Moment in der einen und das bewahrende Moment in der anderen »Literaturpartei« überwiegt und diese Tendenz sich im Verlaufe des Vormärz weiter verstärkt.

Literatur:
Zum Problem der Epocheneinheit in der marxistischen Forschung:
Bruno Kaiser: Einleitung zu: Die Achtundvierziger. Ein Lesebuch für unsere Zeit. Berlin und Weimar [1]1952, [10]1972, S. XVII–XXIII.
Hans-Georg Werner: Die oppositionelle Dichtung des Vormärz und die bürgerliche Ordnung. In: Wissenschaftl. Zeitschrift der Martin-Luther Univ. Halle-Wittenberg. Jg. 13 (1964), H. 8, S. 557–570.
Hans Jürgen Geerdts (Hrsg.): Deutsche Literaturgeschichte in einem Band. Berlin (DDR) 1965, [3]1971.

Hans-Georg Werner (Hrsg.): Deutsche Literatur im Überblick. Leipzig 1965.
Werner: Pol. Ged., S. 7–13.
Heinz Stanescu: Zur näheren Bestimmung des Begriffs ›Vormärz‹. In: WB 15 (1969), S. 1282–1290.
Erläuterungen
Weitere Literaturangaben am Ende von Kap. 2.1.2., Abs. 4.

2.2.2. Zum Problem der Periodisierung

1. Zusammenhang mit dem Problem der Epocheneinheit – 2. Vormärz 1840–1848: *Hermand* – 3. Vormärz 1830–1848: *Jäger, Rosenberg* – 4. Vormärz 1815–1848: *Sengle* – 5. Materialistische Begründung der Epocheneinheit 1815–1848

1. Die Frage, wie der Vormärz zeitlich eingegrenzt werden soll, ist nicht nur auf dem Hintergrund des allgemeinen Periodisierungsproblems (vgl. dazu Kap. 2.1.1.), sondern vor allem in engstem Zusammenhang mit dem Problem der Epocheneinheit zu sehen. Geht man wie die bürgerliche Forschung die Epocheneinheit überwiegend vom *Stil* an – ganz gleich, ob man Stil als »künstlerische Ausdrucksform« oder als »Inbegriff einer bestimmten Bewußtseinshaltung« (*Hermand*, Synth., S. 192) versteht –, gerät die Periodisierung wegen der vielfachen Überschneidungen, wegen des ›Stilpluralismus‹ usw. in Schwierigkeiten. Die Folgen sind: eher kürzere Perioden, zumeist reduziert zu ›Strömungen‹ (so Hermand); häufig Orientierung an biographischen bzw. werkgeschichtlichen Daten, vor allem Goethes Tod (so Höllerer). Geht man dagegen wie die materialistische und (vorgeblich) auch die linksbürgerliche Forschung die Epocheneinheit von der Literaturentwicklung in ihrer Vermittlung mit den *gesellschaftlichen Grundprozessen* an, bleibt die literarhistorische Datierung wegen des Problems der Ungleichzeitigkeit von Basis- und Überbaubewegungen schwierig und die Mißlichkeit von konkreten Daten evident. Die Folgen hier sind: eher längere Perioden (längstens ab 1789), meistens orientiert an politischen Einschnitten (1806, 1815, 1830). Deutlich wird: die literarhistorische Methode im allgemeinen und das Epochenkonzept im besonderen bilden die Prämissen für die zeitliche Eingrenzung sowie die Begriffsbedeutung von ›Vormärz‹ (dies als Präzisierung zu *Stein,* Vormärz, S. 415). Wenn daher im folgenden die Vielfalt der verschiedenen Periodisierungsarten des Vormärz geordnet und kritisch betrachtet werden, so geschieht das vom Standpunkt der materialistischen Methode und eines Vormärz-Konzepts, wie es in Kap. 2.1.3. skizziert worden ist.

Grob gesehen, lassen sich drei verschiedene Zeiteinteilungen für den »Vormärz« als literarische Epoche feststellen, wobei Anfang und Ende jeweils um einige Jahre variieren können (vgl. dazu im einzelnen: *Stein*, Vormärz, S. 413 ff.; *Stanescu*, S. 1284 f.).

2. *Vormärz 1840–1848*:

Die Beschränkung des Vormärz auf das fünfte Jahrzehnt des 19. Jahrhunderts findet sich in klarer Weise zuerst bei Roer (1933) und Kunze (1938); in diesem Sinne, d. h. als Endphase in der Vorbereitung der Revolution periodisierte auch die frühe DDR-Forschung (z. B. Reimann 1956; ebenso: Meyers Neues Lexikon, Bd. 8, Leipzig 1964) sowie in der westdeutschen Forschung vor allem Hermand (1967) und zuletzt noch Vaßen (1971).

Mit der Konstituierung des »Vormärz« auf diese kurze Periode ist zumeist dreierlei verbunden: a) die Beschränkung auf die politisch engagierte Literatur (Lyrik) und Philosophie; b) die Abtrennung des ›Jungen Deutschland‹ von den politischen Vormärzdichtern der 40er Jahre sowie den Linkshegelianern; c) die verstärkte Beachtung der radikalen liberalen, demokratischen und sozialistischen Tendenzen, die dann in die Revolution einmünden. (Der gleichzeitige Aufschwung der nationalen, patriotischen Tendenzen, den vor allem die wilhelminische und später die faschistische Literaturwissenschaft zum Anlaß nahm, das Jahr 1840 zum Epochenjahr zu erheben, darf nicht vergessen werden, spielt aber in der neueren bürgerlichen Forschung kaum noch eine Rolle.)

Die bürgerlich-liberale Begründung für die epochemachende Bedeutung des Jahres 1840, wie sie repräsentativ Hermand (Vormärz, S. 360 f.) vortrug, geht, beschränkt auf Fakten aus dem ideologisch-politischen Bereich, über die Argumente des alten Nationalliberalen Petzet (1903) nicht hinaus: nationale Erregung über die französische Rheinforderung, Thronbesteigung Friedrich Wilhelms IV. und Auftreten der Linkshegelianer und politischen Lyriker sollen nach Hermand den »Wendepunkt« (ebda., S. 360) herbeigeführt haben. Dem ist entgegenzuhalten: Die theoretische Abgrenzung zum Jungen Deutschland erfolgte bereits seit 1838 durch die »Hallischen Jahrbücher«, dem Organ der Linkshegelianer, ohne daß jedoch auch von ihnen der mit den Jungdeutschen gemeinsame Charakter der *intellektuellen* Opposition durchbrochen wurde (vgl. dazu *Dietze*, S. 186 ff.). Das geschah erst im Laufe der 40er Jahre durch die Begründung des wissenschaftlichen Sozialismus und die *politische* Arbeiterbewegung, die ihrerseits allerdings Vorläufer in den 30er Jahren hatte. Rheinkrise und Regierungsantritt Friedrich Wilhelms IV. riefen 1840 lediglich eine Welle liberaler, patriotischer Lyrik hervor, die aber bald wieder verebbte. Erst ab 1843/44, äußerlich signalisiert durch den Übertritt Heines und Freiligraths zur parteilich-politischen Lyrik, entwickelte sich eine bedeutende politische Dichtung mit radikalen demokratischen und sozialistischen Tendenzen. Es wäre aber völlig verfehlt, diese mit Heine und Freiligrath zu begründen: so wie die bürgerlich-oppositionelle politische Dichtung ihre bis ins 18. Jahrhundert zurückreichenden Traditionen hat und mit ihnen in Zusammenhang gesehen werden muß (vgl. dazu: *Stein,* Pol. Bew., S. 33–118; *Jäger,* S. 7–11), hat auch die demokratisch-revolutionäre Literatur Ursprünge, die abseits der bürgerlichen Dichtung im Zusammenhang mit den politischen Volksbewegungen seit 1830 aufzusuchen sind (vgl. dazu *Werner,* Pol. Ged., S. 241–264).

Damit zeigt sich, daß eine Begrenzung des Vormärz auf die 40er Jahre historisch nicht zutreffend ist und sich für den ideologisch-politischen Bereich nur begründen läßt, wenn man künstliche Schnitte vornimmt. Auch die materialistische Begründung des eingeschränkten Vormärz als Phase der unmittelbaren Vorbereitung der Revolution enthält unzulässige Verkürzungen: sie reduziert den dialektischen Epochenzusammenhang von Fortschritt und Reaktion auf eine progressive Linie, die lediglich an dem von den Basisprozessen losgelösten politisch-ideologischen Bereich orientiert ist. Wohl im Bewußtsein der Unhaltbarkeit, 1840 zum Epochenjahr wenden zu können, wird in neueren Arbeiten oft auf eine genaue Chronologie verzichtet (so z. B. *Grab/Friesel; Denkler,* Rest.), was zumeist gleichbedeutend ist mit dem Verzicht auf eine relevante Verwendung von »Vormärz« als Epochenbegriff überhaupt.

Literatur:
Zur Periodisierung 1840–1848:
Walter Roer: Soziale Bewegung und politische Lyrik im Vormärz 1840–1848. Münster 1933.
Erich Kunze: Beiträge zur deutschen Literaturgeschichte des Vormärz (1840–1850). Breslau 1938.
Paul Reimann: Hauptströmungen der deutschen Literatur 1750–1848. Beiträge zu ihrer Geschichte und Kritik. Berlin (DDR) 1956, ²1963.
Hermand: Vormärz.
Florian Vaßen: Georg Weerth. Ein politischer Dichter des Vormärz und der Revolution von 1848/49. Stuttgart 1971.

3. *Vormärz 1830–1848*:
Das Jahr 1830 hat als Epocheneinschnitt in der Literaturgeschichtsschreibung eine lange, freilich nicht unbedenkliche Tradition. Für die ältere Germanistik seit Gervinus und die konservative Forschung bis heute ist mit ihm das Ende der klassisch-romantischen Blütezeit des deutschen Geistes bezeichnet, augenfällig ausgedrückt in dem in diesen Zeitraum fallenden Tod Goethes und Hegels. Von einem solchen Standpunkt, der in vielen BRD-Literaturgeschichten noch heutzutage vertreten wird (vgl. dazu näher: *Hermand,* Ep.probl., S. 5–15; *Vormärz 1973,* S. 232 ff.), stellt sich die Folgezeit fast durchweg negativ als Verfallszeit dar oder es wird

versucht, als neue Epoche ab 1830 den »Realismus« zu datieren, wobei 1848, das Jahr derRevolution, als Epocheneinschnitt meist unterschlagen und das Epochenende in die Jahre 1880–90 verlegt wird: so in Literaturgeschichten z. B. von Bieber (1928), Linden (1937), Fehr (1946), Burger (1952), Fuerst (1966), David (1966), Sagarra (1972), in Anthologien z. B. von Killy und Wiese, in Bibliographien wie z. B. im Goedeke NF.

Dazu bemerkt Dietze: »Wo auf idealistischer Grundlage gearbeitet wird, fallen natürlich die an der Oberfläche sofort sichtbaren Veränderungen nach 1830, die noch dazu ganz ›literarischer‹ Art sind, eher auf als die tiefgreifenden (und tiefer liegenden!) Wandlungen nach 1849, die außerdem zunächst ›nur‹ philosophisch aufzutreten scheinen. Grundsätzlich vorgebildet ist die Tendenz, bei 1830 anzusetzen und die Bedeutung von 1848 als Cäsur herabzumindern oder ganz zu negieren, schon in Burckhardts Bemerkungen über das ›Revolutionszeitalter‹ und Diltheys ›Erinnerungen an deutsche Geschichtsschreiber‹. (Siehe: Jacob-Burckhardt-Gesamtausgabe, Stuttgart–Berlin–Leipzig 1929, Bd. VII, S. 426 f.; und: Wilhelm Dilthey, Gesammelte Schriften, Leipzig–Berlin 1936, Bd. XI, S. 219 f.).« (*Dietze*, S. 311)

Für die sozialgeschichtlichen und politischen Fragen gegenüber eher aufgeschlossene liberale Germanistik war das Jahr 1830 ein Epochenjahr, weil das politische Ereignis der französischen Julirevolution und ihr Signalcharakter für die bürgerliche Oppositionsbewegung zukunftsweisend war. Dieser Auffassung zufolge wurde eine bis 1830 dauernde restaurative Periode (nicht selten ›Biedermeier‹ genannt) abgelöst von einer Epoche, in der – wie bereits in Joseph Hillebrands Literaturgeschichte 1875 formuliert – »die Signatur der neuen Zeit, die bürgerliche, die social-politische und praktische Physiognomie« (Bd. 3, 3. Aufl., S. 299) zu herrschen beginnt. In seiner Entfaltung behindert durch die Dominanz der Biedermeierforschung, hat dieser Standpunkt in den Literaturgeschichten bis heute kaum eine bedeutende Rolle gespielt (vgl. z. B. Eckert 1948). Auch in der seit 1966 sich formierenden BRD-Vormärzforschung ist das Interesse am Epochenbeginn 1830 aufgrund des eingeschränkten Epochenkonzepts nicht sehr ausgeprägt, mit Ausnahme vor allem von H. W. Jäger.

1971 betonte Jäger ausdrücklich, daß der seine Untersuchung »leitende Vormärzbegriff nicht im engern Sinne die acht Jahre vor 1848 treffen soll, sondern den Zeitraum zwischen französischer Juli- und deutscher Märzrevolution erfaßt, wie es heute in der DDR-Germanistik üblich ist« (S. 9 f.). Eine nähere Begründung wurde nicht gegeben. In dem von Jäger in Zusammenarbeit mit einem studentischen Autorenkollektiv verfaßten Band »Der literarische Vormärz 1830 bis 1847« (1973) liegt zwar Jägers Vormärzbegriff und Periodisierung (bis auf das offensichtlich allein durch die Text-Entstehungszeit begründete Epochenende 1847!) zugrunde, doch kann die Rechtfertigung des Jahres 1830 als Epochenjahr, wie sie Ko-Autor U. Schmid gibt, durchaus nicht den Anforderungen genügen, wie sie gerade die DDR-Germanistik an literarhistorische Epocheneinschnitte stellt. Indem Schmid, unter Berufung auf den Zeitgenossen Heine, die Julirevolution und den Tod Hegels und Goethes, d. h. Phänomene aus dem politisch-ideologischen Bereich, zur Grundlage des Umbruchs macht, degradiert er die konstituierenden gesellschaftlichen Grundprozesse zu Begleitphänomenen, die dann in einem besonderen politisch-sozialen »Schattenriß«, wie es bezeichnenderweise bei Schmid heißt, dargestellt werden. Diese pseudo-materialistische Methode, die neben den idealistischen Ansatz beziehungslos sozialgeschichtliche Inhalte stellt (meistens als »Vorspann«, als »Hintergrund«; meistens mehr politisch-historisch als polit-ökonomisch orientiert), findet sich heute des öfteren bei ›progressiven‹ Literarhistorikern des Vormärz (z. B. bei Hermand, Denkler), sei es aus modischer Anpassung an die Linke, sei es aus Protest gegen sie, sei es, um ideologische Bedürfnisse zu äußern, »die aus einer demokratischen Kritik am Imperialismus, zumindestens aber aus einem Unbehagen gegenüber den verstaubten konservativen oder den elitären modernistischen Konzepten spätbürgerlicher Erberezeption erwachsen« (*Dau*, S. 71). Kritik an diesen Praktiken ist vor allem von Seiten der DDR-Literaturwissenschaft laut geworden, denn gerade in Sachen ›Vormärz‹ sind die halb-, un- bis anti-marxistischen Anleihen bei marxistischen Forschungsergebnissen nicht unbeträchtlich gewesen. Was allerdings die Begründung des Jahres 1830 als Epochenjahr für den Vormärz anbetrifft – die auch in der DDR nicht unumstritten ist –, so ist dem in der BRD ausdrücklich bislang nur Jäger gefolgt. Ansonsten stehen Vormärz-Periodisierung und Deutung des Epochenzusammenhangs durch die DDR-Forschung erstaunlicherweise für sich da, obwohl ihre Ergebnisse als die bisher nennenswertesten Beiträge zur Erforschung des Vormärz bezeichnet werden müssen.

Ausgehend von der Herausarbeitung der fortschrittlichen Linie in der nachklassischen und -romantischen Literatur und gestützt auf eine sich mehr und mehr differenzierende materialistische Methode, wurde in der DDR-Vormärzforschung die epochemachende Bedeutung des Jahres 1830 immer deutlicher herausgestellt. In den Grundzügen bezeichnete dies bereits 1957 Dietze, als er zur Begründung der Epochenwende anführte: »Unmittelbare, belebende Nachwirkungen der Julirevolution; Umgruppierung der Generationen; eine neu modifizierte Klassenlage, mit grundsätzlich deutlicher Frontscheidung zwischen Reaktion und Fortschritt in aller Öffentlichkeit, mit einer breiten, aber uneinheitlichen Oppositionsbewegung, die von jetzt an mit dem Gegner von unten, dem Proletariat, zu rechnen hat...« (S. 133). Ähnliche Argumente finden sich bei Lukács 1963 (weniger differenziert) und bei Rosenberg 1967 (mehr differenziert) sowie vor allem materialistisch breit ausgeführt in den verschiedenen Konzeptionen bzw. Vorabdrucken zur DDR-Geschichte der deutschen Literatur. Dabei zeichnet sich das Bild einer Vormärz-Periode 1830–1848 ab, die als Teilabschnitt jener großen Epoche verstanden werden muß, »in der sich der qualitative Umschlag von der feudalen zur kapitalistischen Gesellschaftsordnung endgültig vollzieht« (*Feinkonzeption*, S. 275) – wobei sich der Bogen vom Beginn der industriellen Kapitalisierung ab 1789 über 1815 (erste Phase), 1830 (Reaktionsperiode), 1848 (Vormärz), 1870 (Nachmärz) bis 1895 (Übergang zum Monopolkapitalismus) spannt.

Auffällig und nicht unbedenklich ist in diesem Schema, daß der Phasen-Einschnitt 1830 geradezu zu einem Epochen-Einschnitt aufgewertet wird, wenn – wie im Band 9 der ›Geschichte der deutschen Literatur‹ durchgeführt – der Zeitraum von 1830 bis 1895 als *eine* Epoche behandelt wird. Über die dieser Großperiode gemeinsame Epochenproblematik heißt es: »Vor und nach der Revolution von 1848 bewegen sich, bei notwendiger Beachtung von Diskontinuität und Kontinuität, im Hinblick auf die Hauptprobleme der drei Perioden des Bandes [1830–1848; 1849–1870; 1871–1895] die zentralen Fragestellungen der Literatur zwischen Hoffnung auf die und Enttäuschung an der bürgerlich-demokratischen Revolution, zwischen Resignation und dem Wollen, an der Lösung der ungelösten oder (1871) undemokratisch gelösten nationalen (und sozialen) Fragen mitzuwirken, zwischen Illusion und Desillusion des bürgerlichen Schriftstellers im Verhältnis zur eigenen Klasse und ihrer Ideale . . .« (*Feinkonzeption*, S. 282).

So periodisiert und inhaltlich zusammengefaßt, wird jedoch die tiefe Zäsur von 1848 in ihrer Bedeutung für die Literaturentwicklung herabgespielt. Davor hatte bereits Dietze, damals noch gegen die idealistische Forschung gewandt, eindringlich gewarnt (*Dietze*, S. 311). Die Ereignisse von 1848/49 unterbrachen zwar kaum die Basisprozesse, d. h. die ökonomische Entfaltung der Bourgeoisie, zeitigten aber erhebliche Umbrüche im politisch-ideologischen Bereich und veränderten in diesem Bereich vor allem das Verhältnis von Klassenpolitik und Ideologie. Von einer operativen Wirksamkeit der (bürgerlichen) Literatur als Faktor der Politik kann nun nicht mehr gesprochen werden; diese nahm im Gegenteil vorwiegend apologetische Züge an bzw. geriet in z. T. erhebliche Diskontinuität zum geschichtlichen Prozeß. Diese Besonderheiten der Literaturentwicklung sind gerade von der materialistischen Literaturgeschichtsschreibung sorgfältig zu berücksichtigen, ohne daß deswegen das fundierte Gesamtkonzept der Großperiode 1789–1895 berührt wird.

Der Grund, warum die DDR-Forschung das Jahr 1848 als Epocheneinschnitt eher niedriger und entsprechend das Jahr 1830 eher höher bewertet, hängt eng mit ihrem Erkenntnisinteresse zusammen, das – grob gesagt – abzielt auf eine »Korrelation von Vergangenheit und Zukunft« (*Weimann*, S. 29), die orientiert ist am

»Sozialismus in der DDR als relativ selbständiger historischer Formation, die ein gesetzmäßiges Ergebnis des Verlaufs der nationalen und internationalen Entwicklung ist...«, wie H. Kaufmann 1970 grundsätzlich dazu ausführte (in: WB 16, 1970, H. 5, S. 163). Dort heißt es auch weiter, daß die neue DDR-Literaturgeschichte »die Geschichte der deutschen Literatur unter dem Gesichtspunkt der Integration des humanistischen Erbes in die dem Sozialismus eigene Kultur darzustellen hat« (ebda., S. 163). Das bedeutet konkret für die literarhistorische Arbeit des Periodisierens, daß als Maßstab der Zuordnung »stets die vollzogene qualitative Ausbildung des Neuen, des für die künftige Entwicklung [zum Sozialismus] Maßgeblichen und Fruchtbaren als entscheidend« (*Feinkonzeption*, S. 278) angesehen wird. Bei der Gewichtung der einzelnen Phasen der Literaturentwicklung im 19. Jahrhundert, speziell des Vormärz, gerät die DDR-Forschung jedoch in ein gewisses Dilemma.

Wenn – wie dargelegt – der Gesichtspunkt der »vollzogenen qualitativen Ausbildung des Neuen« konzeptionsbestimmend sein soll, muß im Mittelpunkt der (literar-)historischen Darstellung des 19. Jahrhunderts stehen4»die Formierung des Proletariats zur selbständigen politischen Klassenkraft, der Begründung des wissenschaftlichen Kommunismus und seiner Verschmelzung mit der Arbeiterbewegung, die in diesem Zeitraum die erste, bis zur Bildung der deutschen sozialdemokratischen Arbeiterpartei und zur Pariser Commune reichende große Etappe ihrer Entwicklung durchläuft« (*Rosenberg* 1972 S. 121). Bei solcher Betrachtung kann kein anderer Periodenanfang als 1830/40 herauskommen und muß der Einschnitt von 1848/49 gemildert werden. Es erheben sich jedoch – übrigens auch für Teile der DDR-Forschung (z. B. Obermann) – berechtigte Zweifel daran, ob man wirklich von einem *Vollzug* der qualitativen Ausbildung des Neuen vor 1848 in der Weise sprechen kann, wenn man vor allem die sozialistischen Anfänge vor Augen hat. Es geht doch bis 1848 eindeutig und danach in komplizierter vermittelter Weise um die Durchsetzung der *bürgerlichen* Gesellschaftsordnung und Ideologie gegenüber dem andauernden Feudalismus. Wenigstens bis 1848 sind als das qualitativ Neue primär die Momente der *bürgerlichen* Umwälzung zu bestimmen, auch wenn diese untergründig bereits durch die proletarisch-revolutionären Kräfte problematisiert werden. Die Berücksichtigung dieser Verhältnisse würde jedoch eine andere Epochengewichtung fordern, denn nun müßte der Vormärz primär als »die dritte und letzte Etappe der Literatur des revolutionären deutschen *Bürgertums*« betrachtet werden, wie Rosenberg allerdings nur beiläufig bemerkt (1972, S. 122 f., Hervorhebung von P. S.). Verfolgt man diesen Aspekt konsequent weiter, kommt man zu einer Vormärz-Eingrenzung, in der das Jahr 1830 nicht mehr den Anfang, sondern die Mitte bildet.

Literatur:
Zur Periodisierung 1830–1848:
Georg Eckert: Das junge Deutschland und die Revolutionsdichtung des Vormärz. Braunschweig 1948, S. 1–9.
Jäger: S. 7–11.
Vormärz 1973: S. 9 ff.
Dietze
Rainer Rosenberg: Zur Forschungsproblematik der deutschen Literatur des Vormärz. In: Aktuelle Probleme der vergleichenden Literaturforschung. Hrsg. von Gerhard Ziegengeist. Berlin (DDR) 1968, S. 240–249. (Zuerst in: WB 13 (1967), S. 148–163)
Feinkonzeption, S. 275–315.

4. *Vormärz 1815–1848:*

Auch die Periodisierung ab 1815 hat eine lange, wiederum nicht unproblematische Tradition, vor allem in der nationalen bzw. nationalistischen Literaturgeschichtsschreibung. In dem Bestreben, eine politische Kontinuität zwischen der Zeit vor 1848 und dem Zweiten Kaiserreich herzustellen, ging man zurück auf das Jahr 1815 und konstruierte, unter besonderer Berücksichtigung der nationalen und konservativen Tendenzen einen ›Geschichtsprozeß‹, der – nur einmal kurz unterbrochen vom »tollen Jahr« 1848 – stetig hinführte zu 1870/71 (vgl. z. B. *L. Salomon:* »Geschichte der deutschen Nationalliteratur des 19. Jahrhunderts«, 1881). Freilich wird dabei der Begriff »Vormärz« nicht verwendet; er taucht erst nach der Jahrhundertwende vereinzelt als Bezeichnung für die Epoche 1815 bis 1848 auf, z. B. bei Pollak (1911), Glossy (1912), bald nach der Neubenennung der Zeit nach 1850 als »silbernes Zeitalter der deutschen Dichtung« (*A. Bartels*).

Die Periodisierung 1815–1848 fand unter dem Titel »Vormärz« kaum Anklang, wohl aber – nach Anfängen bei M. v. Boehn (1911) und G. Hermann (1913) – seit den 30er Jahren unter dem Titel »Biedermeier«: neben Majut (1932) ist als Beispiel für diesen Übergang die 15. Auflage des Großen Brockhaus (1934) zu nennen, in dem es unter dem Stichwort »Vormärz« heißt: »Es ist das Zeitalter des Biedermeier, der Restauration und des ›Systems Metternich‹. Daher wird das Wort auch oft im übertragenen Sinne für rückständig oder reaktionär verwendet« (Bd. 19, S. 693). Diese Synonymisierung (und Periodisierung) findet sich noch bei H. Rössler/G. Franz: »Sachwörterbuch zur Deutschen Geschichte« (München 1958, S. 1352)! Ansonsten verschwand in der Frage der Epochenbenennung von

1815–1848 – wie bereits beschrieben – der Begriff »Vormärz« (außer in Koschs Literaturlexikon, im Großen Brockhaus (1974) sowie vor allem bei Historikern wie z. B. W. Meyer 1948, W. Conze 1962, F. Mueller 1965, H. Brandt 1968, E. Hosp 1971). Er wurde ersetzt durch die Begriffe »Literarisches Biedermeier« (*B. Emrich* 1958), »Restaurationszeit« bzw. »Biedermeierzeit«, wie vor allem an Sengles Arbeiten seit den 50er Jahren zu erkennen ist. Unbeschadet seines engen Vormärz-Begriffes, schloß sich dieser Periodisierung und Benennung auch Hermand an (Vormärz, S. 359; Ep.probl., S. 16 ff.), ebenso 1973 Denkler, der den Bogen sogar von der Französischen Revolution bis zur Märzrevolution 1848 spannt und letztere als »triumphale Krönung des seit 1789 andauernden Wechselspiels zwischen Revolution und Restauration« (Rest., S. 14) ansieht.

Obwohl die Betrachtung der Zeit zwischen 1815 und 1848 als zusammengehörige Periode grundsätzlich richtig ist, bleibt die von Hermand und auch die von Denkler gegebene Begründung fragwürdig. Beschränkt auf den politisch-ideologischen Bereich stiften sie eine Einheit, die sich in der Bewußtseins-Reaktion auf die primär *politischen* Ereignisse widerspiegeln soll; so taucht nicht von ungefähr das alte nationalliberale Epochenschema in seinen Grundzügen wieder auf: nationale »Enttäuschung« am Anfang, politische Aktivierung am Ende (die dann wieder in Enttäuschung mündet) oder anders ausgedrückt: das duale Schema von restaurativer Bewahrung bis 1830 und revolutionärer Erneuerung ab 1830/40. Damit tritt unversehens wieder die für die Zeit von 1830–1848 entwickelte Vormärz-Schablone hervor. Es kommt aber darauf an, das von Anfang an dialektische Ineinander von restaurativen und revolutionären Tendenzen in allen gesellschaftlichen Bereichen als sich krisenhaft verschärfenden Prozeß darzustellen. Was vielen (vor allem liberalen) Zeitgenossen erst 1830 und danach aufging, war dem entscheidenden Politiker dieser Epoche, Metternich, bereits gleich nach dem Wiener Kongreß klar: »Mein geheimster Gedanke ist, daß das alte Europa am Anfang seines Endes ist. Ich werde, entschlossen mit ihm unterzugehen, meine Pflicht zu tun wissen. Das neue Europa ist andererseits noch im Werden; zwischen Ende und Anfang wird es ein Chaos geben« (zit. nach *Dietze*, S. 128). Was dem Konservativen als ›Chaos‹ erschien, war der Umwälzungsprozeß von der feudalen zur bürgerlichen Ordnung, der sich den Zeitgenossen zunächst nur mehr oder weniger vage in dem Innewerden einer qualitativen Änderung, eines durch einen »beschleunigten Fortschritt zum Neuen und ein beschleunigtes Hinwegräumen des Alten« (*Mottek*, S. 1) gekennzeichneten ›Sprunges‹ mitteilte.

Wenn auch die für die bürgerliche Kapitalisierung entscheidenden, massiven Umgestaltungen erst in den 30er Jahren beginnen und sich demzufolge das Bewußtsein der Zeitenwende dann erst deutlich artikuliert, kann nicht daran vorbeigegangen werden, daß ab 1815 der prinzipielle Wandel (als Basisprozeß sowie als Antizipation bzw.

Reaktion im Überbau) eingesetzt hat und bis 1830 schubweise Transparenz erlangt. Ab 1815 ist – dominant im westeuropäischen Rahmen, zunächst mehr noch latent im deutschen – der Widerspruch zwischen der ökonomischen Emanzipation des Bürgertums vom Feudalismus und der politischen Gebundenheit an ihn als sich entfaltender und verschärfender Prozeß zu erkennen, der dann seinen – wiederum gemeineuropäischen – ersten einschneidenden Abschluß in den Revolutionen von 1848 findet.

5. Aus diesem Grunde ist es berechtigt, die Periode von 1815 bis 1848 als ›Vormärz‹ zu bezeichnen, und zwar nicht nur im historischen Sinne. Die Kongruenz zwischen den geschilderten Basisprozessen und der Literaturentwicklung ist gerade ab 1815 größer als bislang vielfach dargestellt. Der Widerspruch zwischen der ökonomischen Festigung der kapitalistischen Ordnung und der politischen Ohnmacht bzw. Unterdrückung der bürgerlichen Bewegung bewirkte eine Verschiebung von der politischen zur ideologischen Auseinandersetzung, wobei (neben Wissenschaft und Philosophie) vor allem die Literatur eine wichtige Funktion erhielt. In der Zeit zwischen 1815 und 1830 beginnt unter dem Druck restaurativer Repression, scheinbar abseitig und zunächst fast unbemerkt eine Auseinandersetzung mit den überkommenen ästhetischen, moralischen, religiösen und politischen Vorstellungen, deren latent politischer Charakter – vor allem dort, wo es ins Regressive ging – nicht übersehen werden darf. Im Vergleich zur Literatur nach 1830 und vor allem 1840, die sich weiter zur offen praktischen bzw. politischen Operativität entwickelt, ist die Literatur vor 1830 noch suchender, kompromißhafter und vor allem noch stärker ›für sich‹ – eine Folge der Tatsache, daß die sich formierende bürgerliche Oppositionsbewegung vorerst nur von der schmalen Schicht der Intelligenz getragen wurde und wegen des noch nicht entwickelten Klassenbewußtseins für Desorientierungen anfällig blieb.

Was Kohlhammer (1973) den dreißiger Jahren attestiert, gilt vor allem für die zwanziger: »die mangelnde ›substantielle Basis‹ der deutschen Bourgeoisie, ihre passive Rentiersgesinnung und provinzielle Borniertheit mußten [bei ihren Vertretern] erhebliche Zweifel an ihrer historischen Mission wachrufen...« (S. 38). Diese Verunsicherung und Resignation darf jedoch nicht isoliert gesehen werden, auch da nicht, wo sie – wie in den Jahren vor 1830 allgemein und in den Jahren zwischen 1830 und 1840 in bestimmten Teilen der bürgerlichen Intelligenz – dominierte. Sie enthält bereits ihre Antithese, den latenten Protest gegen das, was zu Resignation zwingt, den Anachronismus der restaurativen Gegenwart.

Die spontane und sehr heftige, breite Reaktion der bürgerlichen

Intelligenz auf die Julirevolution zeigt, daß sich bereits ein kritisches (wenn auch noch nicht revolutionäres) Potential angesammelt hat: die bürgerliche Opposition wird sich zögernd ihrer selbst bewußt. Das schließt nicht aus, wie Kohlhammer allerdings zu stark verallgemeinernd ausführt, daß sich auch noch in dem Jahrzehnt nach 1830 in den literarischen Werken die seit den 20er Jahren herrschende Ziel- und Ratlosigkeit findet, »die sich einerseits äußert in passiver Resignation, die stets im versöhnenden Kompromiß mit dem Bestehenden zu enden im Begriff ist – wie bei den meisten Jungdeutschen (Laube, Mundt) –, oder sich im Byronismus, im Kult des Zerrissenen etc. narzistisch bemitleidet, und andererseits umschlägt in Revolte als dem individuellen, partiell blinden, weil weitgehend unpolitischen, aber darum nicht weniger scharfen Protest gegen die unvernünftige Wirklichkeit. In den einzelnen Werken finden sich freilich meist beide Seiten, Resignation und Revolte, nebeneinander und ineinander verschränkt vor, wie es etwa bei den zeittypischen Strömungen des Pessimismus und Nihilismus der Fall ist« (S. 28). Kohlhammer fährt an anderer Stelle fort: »Aber wie extrem diese Resignation sich auch Ausdruck verschafft und den gegenwärtigen Zustand beschreibt, um so zugleich dagegen zu protestieren, dieser Protest bleibt solange hilflos und ohnmächtige Revolte, als er sich die politischen Ursachen dafür nicht bewußt gemacht hat und angibt; das beginnen dann die Linkshegelianer [und vor allem Marx und Engels] in den 40er Jahren zu leisten« (S. 33). Dieser Exkurs zur epochenspezifischen Funktion jener breiten bürgerlichen Literatur, die (noch) nicht kämpferisch-klassenbewußt agiert, sondern vorwiegend regressiv reagiert, ist deswegen notwendig, weil gerade die Existenz dieser Literatur oft zum Anlaß genommen wird, Epochencharakter und Periodisierung der Vormärzzeit anders zu bestimmen.

Ausgebildete Konzepte, die von der Periodisierung 1815–1848 ausgehen, finden sich bislang kaum, eher kann man von Hinweisen sprechen, die vor allem von der DDR-Forschung kommen, obwohl diese überwiegend den Vormärz vom Epochenjahr 1830 an datiert. Abgesehen von H.-G. Werner (1965) und Th. Höhle/H.-G. Werner (1969), die expressis verbis ausdrücken, daß sich nach 1815 »die literarische Vormärzbewegung« (S. 10) entwickelt, räumen andeutungsweise Dietze (1957) und vor allem Rosenberg (1967 und abgeschwächt 1969) ein, daß bereits vor 1830 »vormärzliche Tendenzen in der Literatur spürbar werden und die meisten Autoren bereits in den 20er Jahren ›vormärzlich‹ in Erscheinung treten…« (*Feinkonzeption* 1969, S. 277). 1967 hatte Rosenberg noch ausdrücklich erklärt: »Da die Veränderungen, die das Jahr 1830 in der deutschen Literatur zur Erscheinung bringt, sich im literarischen Schaffen der ersten Vormärz-Generation bereits in den zwanziger Jahren vorbereiten, die Julirevolution ja nicht Gebärerin, sondern Geburtshelferin einer neuen Literatur ist, und da die Ideen, die diese Literatur auf neuer Stufe verkörpert und die Ziele, die sie mit neuen Mitteln verficht, soweit es sich um die allgemeinen Ideen und Ziele des vorrevolutionären bürgerlichen Emanzipationskampfes handelt, seit der Aufklärung in Deutschland aktuell sind, steht der Literarhistoriker jedoch vor der Notwendigkeit, zurückzugreifen und *den Ansatz für die Darstellung der Vormärzliteratur in der Periode zwischen 1815 und 1830 zu suchen.« (Rosenberg* 1967, S. 156; Hervorhebung von P. S.)

Dennoch darf man behaupten, daß die DDR-Forschung kaum von ihrer Periodisierung (d. h. also: 1830–1848/70) abgehen wird, weil sie unter ›Vormärz‹ *primär* die erste Teil-Etappe der sozialistischen Arbeiterbewegung begreift, nicht aber die »letzte Etappe des Aufstiegs der bürgerlichen Nationalliteratur« (*Konzeption* 1971, S. 66. Vgl. auch *Werner*, der sogar so weit ging, ›Vormärz‹ als literarischen Epochenbegriff abzulehnen, »weil durch ihn die bürgerliche Revolution von 1848 als entscheidender wissenschaftlicher Bezugspunkt gegeben ist«, Pol. Ged., S. 9).

Diese Akzentverschiebung, begründet in der unterschiedlichen Gewichtung dessen, was als das qualitativ Neue der Epoche interpretiert wird, hat konzeptionsbestimmende Auswirkungen, die auch die Periodisierung betreffen. Wenn Rosenberg die *sozialistische* Literatur des Vormärz als das qualitativ Neue und Epochemachende bestimmt, konstituiert bei Weerth »in der unmittelbaren Überführung der progressivsten Traditionen der bürgerlichen deutschen Literatur auf den Standpunkt der Arbeiterklasse« (1972, S. 128) bzw. im »Prozeß einer zunächst noch mündlichen und anonymen poetischen Selbstverständigung des deutschen Proletariats« (ebda., S. 128) seit den 30er Jahren, muß nicht nur 1830 als das entscheidendere Epochenjahr gegenüber 1848 gelten, sondern vor allem die revolutionäre bürgerliche Literatur als sekundär eingeschätzt werden.

Begreift man jedoch die Politisierung der *bürgerlichen* Literatur als den Hauptinhalt dieser Epoche und die sozialistische Literatur *vor* 1848 noch nicht als konzeptionsbestimmende »prinzipiell neue literaturgeschichtliche Qualität« (*Rosenberg*, 1972, S. 128), sondern primär als äußerste Radikalisierung bürgerlicher Philosophie und Literatur und dann erst als grundsätzlichen Neuansatz, so muß die Epoche eher nach rückwärts geöffnet und in ihrem Traditionszusammenhang mit der Literatur des revolutionären Bürgertums seit dem 18. Jahrhundert gesehen werden. Insofern in dieser Literatur – und zwar gerade auch der eher konservativen – anti-bürgerliche bzw. anti-kapitalistische Momente auftauchen, sind diese als Ausdruck der geheimen Unzufriedenheit des *bürgerlichen* Schriftstellers mit seiner eigenen Klasse zu betrachten. »Wer ihn mit dieser Klasse konfrontiert,« so läßt sich in Anlehnung an ein Wort Benjamins über Baudelaire sagen, »der holt mehr heraus, als wer ihn vom proletarischen Standpunkt aus als uninteressant abtut.« (*W. Benjamin:* Fragment über Methodenfragen einer marxistischen Literaturanalyse. In: Kursbuch 20, 1970, S. 3)

Diese für das Epochenkonzept ›Vormärz‹ wichtige Interpretation wird gestützt durch die historische Selbsteinschätzung bei Marx und Engels, die nie einen Zweifel daran ließen, daß Deutschland vor 1848 am Vorabend einer *bürgerlichen* Revolution stehe und die Bourgeoisie über sie erst an die Macht gelangt sein müsse, ehe ihr das Proletariat nachfolgen könne. Noch deutlicher beschrieb Engels 1846 das historische Verhältnis beider Klassen im Vormärz: »Die arbeitenden Klassen sind notwendigerweise ein Instrument in der Hand des Bürgertums, solange das Bürgertum *selber revolutionär* oder progressiv ist. Die besondere Bewegung der arbeitenden Klassen ist deshalb in diesem Fall stets nur von sekundärer Bedeutung. Aber von dem gleichen Tage, an dem alle feudalen und aristokratischen Interessen zunichte gemacht werden von der Macht des *Geldes*, von dem Tage, an dem das Bürgertum *aufhört*, progressiv und revolutionär zu sein, und selber stationär wird, von dem gleichen Tage an übernimmt die Bewegung der Arbeiterklasse die Führung und wird zur *nationalen Bewegung*« (MEW, Bd. 2, S. 580). Das deutsche Bürgertum wurde erst *in* der Revolution von 1848 ›stationär‹, als es im Kompromiß mit den feudalen Kräften ihre revolutionären Interessen verriet. Im Vormärz jedoch ist die bürgerliche Klasse die führende Kraft in der antifeudalen Bewegung, nach 1815 hauptsächlich getragen von der bürgerlichen Intelligenz an den Universitäten, nach 1830 zu einer stetig sich verbreiternden und differenzierenden Massenbewegung (von der liberalen Bourgeoisie bis zum sich formierenden Proletariat) anschwellend. Dieser Entwicklungsprozeß muß als eine Einheit betrachtet werden.

Literatur:
Zur Periodisierung 1815–1848:
Valentin Pollak: Die politische Lyrik und die Parteien des deutschen Vormärzes. Wien 1911.
Karl Glossy (Hrsg.): Literarische Geheimberichte aus dem Vormärz. In: Jahrbuch der Grillparzergesellschaft. Bd. XXI, XXII, XXIII. Wien 1912.
Thomas Höhle/Hans-Georg Werner: Literaturgeschichte. Band 8. Feinkonzeption der Phase 1806–1815. In: WB 15 (1969), H. 1, S. 5–45.
Sengle, I und II.
Denkler.

2.2.3. Zum Problem der Stileinheit

1. Misere des idealistischen Stilbegriffs – 2. *Sengles* Begründung der Stileinheit 1815–1848 – 3. Begründung der dialektischen Stileinheit – 4. *Hegels* Ästhetik als Grundlage – 5. Beispiele dialektischer Stileinheit: Lyrik, Taschenbuch, Publizistik

1. Mit dem Aufweis der Stileinheit der Vormärzepoche ist zweifellos das schwierigste Kapitel erreicht, an dem sich materialistische Vormärzforschung zu bewähren hat, nicht zuletzt deswegen, weil gerade die Stilfrage die (vermeintliche) Spezialität der bürgerlich-idealistischen Forschung ist. Da sich dieser die Frage nach der Epocheneinheit in der Regel als Frage nach der Stileinheit gestellt hat, braucht es nicht zu verwundern, daß u. a. auch zur Literatur der Vormärzepoche eine riesige Anzahl von Stiluntersuchungen vorliegt. Diese Studien zu Personal-, Werk-, Gattungs- und Epochenstil, zu Fragen der Stiltypik und Stilentwicklung usw. hatten unterschiedliche, z. T. einander widersprechende Fragestellungen, denn den einen ging es darum, unter Stiloberbegriffen wie z. B. »Biedermeier« eine Einheit zu finden, den anderen darum, die Vielfalt der verschiedenen Stile, »den stilpluralistischen Grundcharakter dieser Ära« (*Hermand*, Ep.probl., S. 18) herauszuarbeiten. Überzeugende Ergebnisse konnten beide Richtungen nicht vorlegen: die erste nicht, weil sie im Interesse einer klaren Strukturierung meist zu stark reduzierte, die andere nicht, weil sie zu keiner Strukturierung gelangte. So sah Hermand (1968) in seinem Forschungsbericht wieder einmal nur den Ausweg in einer Synthese, nämlich »sich mehr integrativ mit den thematischen oder formalen Gemeinsamkeiten der einzelnen Strömungen [zu] beschäftigen« (Ep.probl., S. 18). Freilich, eine solche Synthese kann nicht gelingen, solange auf der Basis einer idealistischen Literaturbetrachtung von der Fiktion einer für sich seienden *Literatur*geschichte ausgegangen und ›Stil‹ entweder als deren Ausdruck oder aber gar als antreibende, selbständige Kraft aufgefaßt wird. Mit der Abtrennung der Literatur von der Geschichte korrespondiert die Pluralisierung des Stils, man kann auch sagen: eine anarchische Individualisierung, beliebig zu vervielfältigen (letztlich: soviele Autoren bzw. soviele Texte es gibt) – unmöglich zu vereinheitlichen (es sei denn als diktatorische Ordnung durch einen ›Großen‹: so bezeichnete z. B. Fuerst (1966) die Zeit von 1820–1850 als ›The Age of Grillparzer‹ (in: The Victorian Age of German Literature, London 1966).

2. Auch die Modifizierung der idealistischen Literaturbetrachtung durch die Berücksichtigung von literatursystematischen Fragen so-

wie der »realgeschichtlichen Voraussetzungen der literarischen Formengeschichte« (*Sengle*, II, S. 27) ermöglicht nicht die angestrebte Synthese. Obwohl Sengle mit seiner »Biedermeierzeit« (1971 ff.), der neuesten, bislang umfassendsten und von ihrem Ansatz her wohl kaum zu übertreffenden Epochenmonographie, gerade eine solche Synthese geleistet zu haben beanspruchte, läßt sich an seinem Werk zeigen, daß diese Einheit lediglich im Kopf besteht. Es wird eine der wichtigsten Aufgaben künftiger materialistischer Vormärzforschung sein, die Fülle der von Sengle für den Zeitraum von 1815 bis 1848 beobachteten Stilphänomene, deren Zusammenhang er erkennt, aber anders interpretiert und bewertet, aufzuarbeiten.

Auf dem Hintergrund seines primär ideengeschichtlich begründeten Epochenkonzepts, nach dem die »Biedermeierzeit« als zwar vom Umbruch bereits bedrohte, aber noch einmal universalistisch restaurierte Endzeit abendländischer Kultur erscheint (vgl. dazu Kap. 2.2.1. Abs. 2,3), entwirft Sengle ein monumentales Bild ihrer »sprach- und stilgeschichtlichen Grundsituation« (I, S. 545), um nachzuweisen: »Es gab auch die innere Einheit, die man Biedermeier genannt hat« (I, S. 111). Ausdrücklich betont er, daß im Mittelpunkt dieses Nachweises nicht der spezifische Stil der je einzelnen Autoren, sondern der Sprachstil bzw. die »Literatursprache« der Epoche, d. h. die »überindividuellen Spracherscheinungen« (I, S. 369) mit ihren literatursystematischen und -historischen Bedingungen stehen sollen. Weder für diesen umfassenden Ansatz noch für die Zielrichtung gibt es in der bürgerlichen Biedermeier-/Vormärzforschung ein Beispiel – Sengle selbst begreift sein dreibändiges Werk als »Anfang einer *allseitigen* literarhistorischen Strukturanalyse für diese Epoche« (II, S. VI) und relativiert damit zugleich eine lange und breite Forschungsgeschichte.

Gleichwohl bleibt zu bezweifeln, ob die künftige Forschung Sengles Spuren folgen soll, wenn auch die Richtung (Nachweis der Stileinheit) überzeugt. Diese Skepsis gründet sich auf die nur partiell modifizierte, traditionelle literarhistorische Methode, die Sengles Begriff der Vergangenheit daran hindert, diese mit der Gegenwart zu korrelieren und ihre Dokumente auch als wirkende Faktoren zu begreifen. Die aus dieser Begrenztheit resultierenden Widersprüche in Sengles Konzept der Stileinheit der »Biedermeierzeit«, auf die wir im folgenden näher eingehen, sind daher nicht als Widersprüche des behandelten Gegenstandes und somit als Argumente gegen die Stileinheit zu betrachten, sondern als Folge der angewandten Methode.

Die zentrale These in Sengles Begründung der sprach- und stilgeschichtlichen Einheit der Biedermeierzeit lautet: Literatursprache und Formenwelt der Biedermeierzeit sind nicht mit den modernen, vom »Realismus« geprägten ästhetischen Maßstäben erfaßbar, sondern müssen vom Standpunkt jener alten »Rhetorik« verstanden

werden, die von normierender Bedeutung für die abendländische
Literatur war und die dann ab 1850 endgültig unterzugehen begann,
nachdem sich die »Zerstörung der alten europäischen Gesellschaft
und der ihr zugeordneten Töne-Rhetorik während der Biedermeierzeit« (I, S. 624) nur erst in Ansätzen vorbereitete. Die Zuordnung
der Biedermeierzeit zur »alten europäischen Gesellschaft«, eine un-
präzise Umschreibung für die feudale Gesellschaftsordnung, ist historisch nicht haltbar (vgl. dazu Kap. 2.1.3., Abs. 2 bis 4); diese Zeit
ist vielmehr gekennzeichnet durch die krisenhafte Zuspitzung im
Umwälzungsprozeß von der feudalen zur bürgerlich-kapitalistischen Ordnung. In dieser Krise ist die »Restauration« nur die *eine*
(anachronistische) Kraft, die durch ihren Widerstand ihre Niederlage zwar zunächst aufhalten kann, um sie dann aber um so schneller
zu erleiden.

Dies alles verkennt Sengle, wenn er die »Restauration« als den
zentralen Vorgang der Biedermeierzeit herausstellt und analog zu
der politischen Restauration, die er mit Srbik und Schnabel im
»Metternichschen System« universal überhöht, von einer ebenso
überhöhten »stilistischen Restauration« (I, S. 432) ausgeht. Die
Frage, wer denn in Analogie zur politischen Autorität Metternichs
der Organisator dieser ästhetischen Restauration gewesen sein soll
(Hegel ist es nach Meinung Sengles ganz und gar nicht, vgl. I, S. 84),
beantwortet sich selbst, denn Sengle weiß, »wie eng stilistische
Revolutionen und Restaurationen mit der allgemeinen Geschichte
zusammenhängen« (I, S. 639): der Kreis schließt sich, wenn man der
»allgemeinen Geschichte« der Biedermeierzeit den Mantel der
Restauration überwirft!

So legt Sengle in ausführlichen, monographieartigen Kapiteln zur Literatursprache (Sprachbewußtsein, Wortschatz, Sprachbildlichkeit, Syntax, Stillagen) und zur Formenwelt (poetische Gattungen, Zweck- und Gebrauchs-
formen) die »Unentrinnbarkeit der Rhetorik für dies im Banne der Tradition
stehende Geschlecht« (I, S. 407) dar. Zwei Tendenzen treten dabei immer
wieder hervor: Zum einen arbeitet er, nicht ohne Seitenhiebe auf die marxistische Vormärzforschung, die Traditionsverhaftetheit gerade der Jungdeutschen und politischen Dichter heraus, um ihre »Progressivität« zu relativieren; zum andern streitet er gegen jene bürgerliche und marxistische
Realismus-Forschung, die Ansätze und erste Formen des Realismus bereits
im Vormärz erkennt, indem er den biedermeierlichen »Detailrealismus« als
Produkt des traditionellen christlichen Realismus scharf gegen den »programmatischen Realismus« nach 1850 absetzt. Sengle verstärkt damit auch
vom Formgeschichtlichen her seine These von der Abgetrenntheit der Biedermeierzeit und ihrem Endzeitcharakter: »... denn in allen Richtungen der
Biedermeierzeit laufen irgendwelche Traditionen aus. Originalität, Geniali-
tät bedeutet so gut wie immer: Erneuerung einer Stilrichtung, die aus dem

18. Jahrhundert oder der Goethezeit stammt« (I, S. 440). Auf diese Weise gelingt es ihm auch, den oft beklagten Pluralismus der Stile auf einen Nenner zu bringen, indem er die stilistische Vielfalt im Zeichen der Restauration als Erneuerung des Alten interpretiert, dessen Einheit durch die Rhetorik gewährleistet war.

Genau an diesem Punkt treten jedoch die entscheidenden Widersprüche auf. Einerseits ist Sengle bestrebt, in der biedermeierlichen Erneuerung der Stilvielfalt den restaurativen Charakter, d. h. die Rückverbindung mit den Traditionen der Goethezeit und des 18. Jahrhunderts herauszuarbeiten und damit die Elemente des Neuerertums zurückzuweisen. Als qualitative Veränderung gegenüber diesen Traditionen gilt ihm lediglich das Bemühen der Biedermeierzeit, von einem gesteigerten Sprachbewußtsein her die traditionellen Stilmittel zu *intensivieren*. Folgerichtig hält Sengle es auch nicht für unmöglich, »die Biedermeierzeit als eine deutsche Sonderform der späten europäischen Romantik zu interpretieren« (I, S. 222), unbeschadet der dezidierten Abgrenzung gegen die »subjektive Romantik«, die sich vor 1815 speziell in Deutschland entwickelte. Auf der anderen Seite kann er jedoch nicht leugnen, daß die politische wie auch die stilistische Restauration ein zum Scheitern verurteilter Versuch war, das Rad der Geschichte aufzuhalten, und daß folglich die Elemente des Neuen sich bereits in der Biedermeierzeit bemerkbar machten. So muß er, im Vergleich zur Begründung seiner Hauptthese jedoch eher beiläufig, einräumen, daß die Macht der Rhetorik so ungebrochen nicht war, daß es eine entschiedene theoretische Kritik an ihr gab (Goethe, Tieck, Wienbarg, Marggraff; vgl. I, S. 612 f.) und daß »die Neigung zum mittleren, realistischen Stil wächst« (I, S. 613). Bald erscheint die Biedermeierzeit als Zeit des glücklichen Ausgleichs der Gegensätze zwischen Rhetorik und Realismus (so spricht Sengle vom »für die Restaurationsepoche bezeichnenden Mittelweg zwischen Naturalismus und rhetorischer Überhöhung« – I, S. 438); bald ist auch dieser Mittelweg nur Schein, da die Rhetorik sich bereits in der Krise befindet und das Neue sich längst vorbereitet: »Man war, auch wenn man noch so eifrig an einer idealen Ordnung festhielt, auf dem Wege zum Realismus« (I, S. 538). Diesen Gedanken nimmt Sengle am Schluß des 1. Bandes noch einmal auf, als er zusammenfassend feststellt: »Ich hoffe mit diesen Belegen aus dem 18. und 19. Jahrhundert *den großen literarhistorischen Zug zum mittleren Stil, der, trotz vieler Rückschläge, stetig von der Aufklärung zum Realismus führt,* einigermaßen vergegenwärtigt zu haben« (I, S. 645). Nun ist die »Kleinepoche ›Biedermeierzeit‹« (ebda.) eine Zeit, die diesen Prozeß durch »hinhaltenden

Widerstand« (ebda.) mittels Restauration der Rhetorik aufhalten will und dabei scheitert.

Wenn dem so ist, so fragt man sich, warum Sengle dann diese querliegende, anachronistische und zum Scheitern verurteilte Restauration, so sehr sie auch die Zeit prägte, zur Basis seines Epochenkonzepts macht? Viel näher lag es doch da, auf den großen Zug zum mittleren, realistischen Stil das Epochenkonzept in stilistischer Hinsicht aufzubauen, die retardierenden Kräfte als sich begrabende bzw. als künstlich oder aus politischen Gründen am Leben gehaltene Kräfte darzustellen, ihre dialektische Innovationsfunktion für die Elemente des Neuen aufzudecken und diese Elemente in ihrem Fortschritt zu beschreiben. Sengle hat diesen Weg, aus Gründen, die in seinem Erkenntnisinteresse und seinem Geschichtsverständnis liegen (vgl. dazu Kap. 2.2.1., Abs. 3), nicht eingeschlagen. Wenn er einmal in seinem Stilkonzept von der Dominanz der restaurativen Faktoren in der Biedermeierzeit abgeht, gelangt er nur bis zu einem Dualismus von bewahrender Traditionserneuerung und Traditionskritik (der »Zwiespalt zwischen dem alten und dem neuen Poesiebegriff bewegt die Zeit ...« II, S. 12). Es kommt aber darauf an, diesen »Dualismus« als *dialektischen* Zusammenhang zu begreifen.

3. Gegen Sengles Endzeit-Theorie der Biedermeierzeit, die daran angeschlossene Metaphysierung der ›Restauration‹ und deren Übertragung auf den Stilcharakter der Epoche müssen vom materialistischen Standpunkt schwere Bedenken erhoben werden. Nicht nur wird der epochenkonstituierende sozioökonomische Umwälzungsprozeß von der feudalen zur bürgerlich-kapitalistischen Ordnung verharmlost bzw. sogar unterschlagen (vgl. dazu I, S. 13–17!), sondern auch die Prozesse im politisch-ideologischen Bereich sehr einseitig dargestellt und in ihrem für den spezifisch literarischen Bereich wichtigen Zusammenhang nicht zutreffend berücksichtigt. Sengles rückwärtsgewandte Fixierung auf die ›Restauration‹ und deren Macht verstellt ihm den Blick dafür, daß im Vormärz »weder der Traditionszusammenhang mit den fortschrittlichen Ideen des 18. Jahrhunderts noch der aktuelle Informationszusammenhang mit der Entwicklung des revolutionären europäischen Denkens jemals ernsthaft unterbrochen war, mochten auch die Bedingungen der Rezeption dieses verkürzen und verbiegen« (*Kohlhammer*, S. 28).

Nur deswegen konnte schon bald nach 1815 der Kampf zwischen Traditionsbewahrung und Traditionskritik auf neuer Ebene und in neuer Verschärfung anheben. Dabei ist es ebenso verkehrt, im Phänomen der Restauration – das Sengle so übermäßig betont – einseitig das Retardierende zu sehen wie umgekehrt zu erwarten, daß der Protest gegen diese Restauration einzig und allein in der Form des explizit politischen Protestes bzw. des literarischen Neuerertums Gestalt annahm. Beide sind in komplizierterer Weise miteinander vermittelt. Insofern wird – um diese Hauptthese literaturgeschichtlich zu konkretisieren – die Einsicht in die Struktur der stilistischen Epocheneinheit um nichts weitergebracht, wenn man die weit in die Vormärzzeit hineinreichenden Traditionen der Romantik als reaktionär verdammen wollte und dagegen das literarische Neuerertum allein den politisch fortschrittlichen Schriftstellern von Heine bis Weerth reserviert – oder wenn man nachweisen wollte, daß die politischen Lyriker der 40er Jahre, ästhetisch betrachtet, konservativ waren und dagegen den ästhetischen Wert biedermeierlicher bzw. frührealistischer Schriftsteller wie Mörike und Droste-Hülshoff als Fortschritt herausstellt.

Dies alles ist in der bürgerlichen wie in der marxistischen Sekundär-Literatur zur Genüge geschehen und hat nicht dazu beigetragen, den Blick für den *dialektischen Zusammenhang* von traditionsbewahrenden und -kritisierenden Kräften zu schärfen. Diese Dialektik ist jedoch keine (Selbst-)Bewegung von geistigen (weltanschaulichen, kulturellen, künstlerischen, stilistischen) Faktoren, sondern ein Prozeß im Wechselzusammenhang von (literaturspezifischen) Basisbewegungen (von den Erfindungen für den Literaturmarkt bis hin zu den Folgen für Distribution und Rezeption von Literatur sowie für ihre Produzenten) und Bewegungen des politisch-ideologischen Überbaus (von den politischen Pressionen bis hin zu den Traditionen des ästhetischen Materials). Die Darstellung dieses Zusammenhanges, in dem auch die stilistische Einheit der Epoche begründet ist, kann im folgenden, da Vorarbeiten so gut wie gar nicht existieren, nur skizzenhaft und auf einige Beispiele beschränkt sein. Dabei sind Sengles Ergebnisse, wenn auch in anderer Bewertung, wichtig.

4. So wenig es der große Name ist, der – wie Sengle richtig bemerkt – »den sichersten Zugang zur Formenwelt der Epoche« (II, S. 6) eröffnet, so wenig läßt sich bestreiten, daß neben Goethe vor allem Hegels »Ästhetik« von dominierendem Einfluß auf das ästhetische Bewußtsein der vormärzlichen Theoretiker und auch der Schriftsteller gewesen ist, selbst wenn deren Lehren naturgemäß praxisnäher und weniger philosophisch-abstrakt waren. Sengles Versuch, die bei der Behandlung der Stilfrage praktischen »Literatoren« gegen den Ästhetiker Hegel und dessen »letzten Endes amusische Kunstsystematik« (II, S. 6) auszuspielen, muß daher zurückgewiesen werden. Vielmehr ist es so, daß Hegel in seinem philosophischen System dieselben Widersprüche entfaltet, idealistisch versöhnt und (gegen seine Absicht) erneut ausbrechen lassen muß, die in den jeweils par-

tikularen vom Literarhistoriker gewürdigten Bestrebungen der Literatoren zum Ausdruck kommen. Insofern ist es berechtigt und ergiebig, bei der Darstellung des dialektischen Zusammenhangs von traditionsbewahrenden und -kritisierenden Kräften in der Frage der Stileinheit der Vormärzepoche von Hegel auszugehen.

Der Grundwiderspruch in Hegels philosophischem wie ästhetischem System ist der Widerspruch zwischen normierender und historisierender Tendenz. Die hierarchische und systematische Konstruktion aller geistigen Erscheinungen führte ihn zwangsläufig zu Normierungen (von der »Idee des Kunstschönen« über die besonderen »Kunstformen« bis hin zu den einzelnen Künsten und ihren Gattungen): in dieser Tendenz lag Hegel gleichauf mit den restaurativen Kräften seiner Zeit, ja, war er sogar ein wirkender Faktor in ihnen und Konservative konnten sich nicht ohne Grund auf ihn berufen. Auf der anderen Seite löste Hegel durch die Historisierung der Entwicklung, d. h. durch die Verbindung des abstrakt-logischen Prozesses mit dem konkret-geschichtlichen die Absolutheit der tradierten Normen auf und sprach selbst von »der Auflösung der Kunst überhaupt« (Ästhetik, III, S. 572): in dieser Tendenz wurde Hegel ein wirkender Faktor innerhalb der anti-restaurativen, aktiv traditionsablösenden Kräfte des Vormärz (expressis verbis bei den Jungdeutschen sowie den Linkshegelianern der 40er Jahre).

Diese Doppelheit in Hegels Werk und dann konsequent, wenn auch oft vereinseitigt, in der Hegel-Rezeption im Vormärz ist kein ›Fehler‹ des Meisters und derer, die ihm folgten, sondern – mit Hegel zu sprechen – »List der Vernunft«, die sich dialektisch gegen die gewaltsame Restauration durchsetzt. Der Widerspruch – hier bei Hegel wie auch im Werk vieler anderer Vormärzautoren – spricht nicht gegen, sondern für die Genauigkeit des Verfassers, auch wenn dieser es so nicht sagen wollte. Das soll im Falle Hegels an einem konkreten Beispiel, nämlich dem *Romanproblem* und daran anschließend an der für den Vormärz zentralen Frage der *Erzählprosa* erläutert werden.

Deutlich ist der restaurative Ansatz zu erkennen, ebenso das Ziel, das Epos als klassische Form zu normieren – gleichwohl kommt Hegel nicht an der Anerkennung des Romans vorbei, den er als einen der »untergeordneten Nebenzweige(n) des eigentlich Epischen« (Ästhetik, III, S. 390) bezeichnet. Das führt zu einem Widerspruch, den Sengle *zunächst* treffend beschreibt: »Welches Gewicht hatten etwa langatmige ›Besondere Bestimmungen des eigentlichen Epos‹, wenn am Ende des gleichen Abschnitts plötzlich doch der Roman als ›die moderne Epopöe‹ anerkannt wurde? Kein Wunder, daß der zeitgemäße Schluß über den Roman trotz vorsichtiger Formulierungen auf die Dauer stärker wirkte als der große Abschnitt über das Epos, – zum Schaden des Systems« (II, S. 5). Zum Schaden des Hegelschen Systems? Das war, wie die Wirkungsgeschichte zeigt – unerheblich.

Vielmehr wird an dieser Stelle besonders deutlich, daß die Widersprüche im *ästhetischen* System Hegels korrelieren mit *literaturgesellschaftlichen* Widersprüchen einer Wirklichkeit, die nach 1815 als »literarische Gründerzeit« (*Sengle*, II, S. 28) mehr und mehr von den Gesetzen des kapitalistischen Marktes erfaßt und strukturiert wurde. Gegen diese sich formierende und mächtig werdende Wirklichkeit trat die stilistische Restauration, zu der auch Hegel in spezifischer Weise beitrug, an: ihr Schicksal war es jedoch, in dieser Konfrontation gegen ihr ursprüngliches Interesse widerspruchverschärfend zu wirken und damit immanent zu einer um so heftigeren Traditionsablösung zu führen. Der »Schaden«, von dem Sengle spricht, trat also in einem viel umfassenderen Sinne für das *System der stilistischen Restauration* ein, das geprägt war durch »die klassizistische Mißachtung der Erzählprosa« (*Sengle*, II, S. 818). Diese Mißachtung – ein weit über Hegel hinausgehender Vorgang – steht in engstem Zusammenhang mit dem alten Widerstreit von Vers und Prosa.

5. Der Widerstreit von »Versaristokratie« und »Emanzipation der Prosa«, wie Sengle (II, S. 12) ihn für die Zeit nach 1815 benannte und damit in Beziehung zur politischen Auseinandersetzung zwischen Feudalismus und Bürgertum setzte, gewann im Vormärz eine neue Dimension. Auf der einen Seite erneuerten und verschärften maßgebliche Ästhetiker und Schriftsteller *quer* durch die Literaturparteien (d. h. z. B. Hegel und Prutz, Goethe und Heine) das Primat des Verses und prägten damit nicht unmaßgeblich das allgemeine Kunstbewußtsein der Epoche, wonach der »Dichter« stets »Versdichter« war, sei es im Gedicht, im Versepos oder im Drama. Auf der anderen Seite wurden diese immer mehr reaktionär bzw. anachronistisch werdenden Tendenzen in Frage gestellt durch literaturgesellschaftliche Basisprozesse, die die Emanzipation der Prosa kräftig vorantrieben: hier sind einerseits die produktionstechnischen Verbesserungen, die juristischen und organisatorischen Maßnahmen zur Steigerung, Absicherung und Effektivierung der Buch- und Presseproduktion bzw. -distribution zu nennen, andererseits die gesteigerten Lese- und Unterhaltungsbedürfnisse eines sich ständig vergrößernden Lesepublikums. Hierauf gestützt, waren es vor allem die Jungdeutschen (Wienbarg, Mundt, Gutzkow), die die Prosa gegen den Vers theoretisch begründeten und damit nicht zuletzt Prosa-Schriftstellern wie Gotthelf und Stifter den Weg ebneten (vgl. dazu *Sengle*, II, S. 15 f.). Wenn Sengle in diesem Zusammenhang darauf hinweist, »daß bei der Überwindung des Versdogmas, wie überhaupt bei der ideologischen Überwindung der Tradition, die Deutschen führend waren« (II, S. 23), wird die dialektische Einheit dieser Entwicklung besonders klar: nur weil es mit einer massiven Restauration des Versdogmas begonnen hatte, endet es mit einer so

66

vehementen Traditionsablösung bzw. Proklamation des Neuen. Eben dieser Vorgang, nämlich die beschleunigte Hervorbringung der stilistischen Neuerung durch die verlängerte stilistische Restauration prägt ganz allgemein den Stilcharakter der Epoche.

Dieser Prozeß läßt sich, worauf hier nur kurz hingewiesen werden kann, in den verschiedensten Bereichen nachweisen. In der *Lyrik* spannt sich der Bogen von der theoretischen Bestimmung als der subjektiven, unpraktischen Gattung bis hin zur Begründung der politischen Lyrik (vgl. dazu *Stein*, Pol. Bew., S. 119–157).

Ähnlich verläuft die Entwicklung des *Taschenbuchs,* in dem sich der Ablöseprozeß von der Tradition, hier vor allem zugespitzt auf das Vers-Prosa-Problem, geradezu paradigmatisch vollzieht. Gehörte das Taschenbuch gleich nach 1815 zunächst »zu den Organen, in denen sich die romantisch restaurierte Feudalkultur mit treuherziger Miene einer schon beträchtlich verbürgerlichten literarischen Gesellschaft vorstellt« (*Sengle,* II, S. 48), mit den bunt gemischten Kleinformen wie z. B. Verserzählung, Fabel, Idylle, Legende, Parabel sowie vor allem dem Gelegenheitsgedicht im Mittelpunkt (vgl. dazu *Sengle,* II, S. 53 f.), so strukturiert sich das Taschenbuch im Verlaufe des Vormärz radikal um und spezialisiert sich geradezu auf die *Novelle,* eine Kleinform der Erzählprosa, die vom Klassizismus nicht besonders gepflegt worden war. In diesem Zusammenhang findet sich bei Sengle eine Bemerkung, die auf die spezifisch stilprägende Wirksamkeit dieser dialektischen Entwicklung im Taschenbuch zielt und die durchaus auf den Stilcharakter der Epoche verallgemeinert werden darf: »*Gerade deshalb, weil das Taschenbuch ursprünglich eine konservative Form war, wirkte die Revolution der Formenwelt, die in ihm stattfand, noch tiefer in die deutsche Dichtung hinein als die von der politischen Revolution ausgehende und in ihr sich erfüllende Publizistik der Jungdeutschen.* Zeit-Schrifttum in einem machtvollen Sinne sind freilich beide Phänomene, und es ist heute fast wichtiger diesen Zusammenhang zu sehen als jenen Differenzpunkt« (II, S. 55). Mit dem zweiten Satz hebt Sengle sein Werturteil aus dem vorangehenden Satz wieder auf und das ist gut so, denn die entscheidende Einsicht ist: die »Revolution der Formenwelt« im Vormärz ging nicht allein von der politischen Avantgarde aus, sondern immanent ebenso von jenen Schriftstellern und Publikationsorganen, die die Tradition ursprünglich bewahren wollten.

So ist es denn nicht verwunderlich, daß sich in der *Publizistik,* dem anderen zentralen und stilprägenden Faktor der Vormärzliteratur, ebenfalls eine dialektische Entwicklung vollzog. Auf der Grundlage der wachsenden Kommerzialisierung und »Professionalisierung der Literaturproduktion« (*Rosenberg* 1972, S. 124) konnte sich die Bourgeoisie erst in die Lage versetzen, »die Existenz des bürgerlichen Schriftstellers generell selbst zu tragen«, so daß jetzt »der Typ des ›Literaten‹, d. h. des als Zeitungsredakteurs und -herausgebers existierenden und des ›freien‹, d. h. vom freien Verkauf seiner Literaturproduktion lebenden Schriftstellers zur allgemeinen Erscheinung« (*Rosenberg* 1972, S. 124) werden konnte. Die Folge für den Vormärz war eine enge Verbindung von Schriftstellertum und Journalistentum, eine gegenseitige Befruchtung, die stilistisch am stärksten in den Prosaformen, am geringsten im Drama, insgesamt aber alle literarischen Genres und Bereiche beeinflußte. Ähnlich wie beim Taschenbuch vollzieht sich in der Publizistik dabei eine Ablösung des alten Universalismus (vgl. dazu *Sengle*, II, S. 56 ff.) durch Fach-Spezialisierung und Politisierung bzw. Praktisch-Machen der Journale – und zwar sowohl in der sehr breiten konservativen wie in der liberalen Presse, wobei letztere noch mit den besonderen Einschränkungen durch die *Zensur* zu kämpfen hatte und unter den Bedingungen der politischen Repression sowie als deren Folge sodann »verschiedene, die kapitalistischen Marktgesetze durchbrechende literarische Kommunikationsformen [entwickelte] – Formen der illegalen, den Markt unterlaufenden Literaturvermittlung und der direkten politisch-literarischen Propaganda mittels Flugschriften, mündlichen Vortrages usw.« (*Rosenberg* 1972, S. 125). –

Diese wenigen Hinweise müssen im vorliegenden Zusammenhang genügen, um anzudeuten, wie das Konzept der Stileinheit der Vormärzepoche zu entwickeln ist. Zur Ausgestaltung und Absicherung dieses Konzeptes gehören allerdings noch umfangreiche und speziellere Untersuchungen zur Literatursprache und Formenwelt der Vormärzliteratur, in denen Sengles Forschungen über Sprachbewußtsein, Wortschatz, Sprachbildlichkeit, Syntax, Stillagen, über die Zweckformen (Lehrgedicht, Spruch, Beispielerzählung, Satire, Rede, Erlebnisliteratur, Reisebeschreibung, wissenschaftliche Literatur) über Drama, Lyrik, Versepik, Idylle und Erzählprosa (Roman, Novelle, Märchen) vom oben skizzierten materialistischen Standpunkt aus aufgehoben werden. Auf diesbezügliche, bereits vorliegende Spezialuntersuchungen anderer Verfasser wird im Kap. 4.3 f. hingewiesen.

Literatur:
Hegel: Ästhetik.
Sengle: I und II.
Rosenberg 1972.
Kohlhammer.

2.2.4. *Exkurs: Der österreichische Vormärz*

1. Verhältnis von deutschem und österreichischem Vormärz – 2. Forschungslage – 3. Österreichische Sonderform im Vormärz

1. Die besondere Frage nach dem österreichischen Vormärz stellt sich aus mehreren Gründen. Zur Forschungsproblematik der Vormärzepoche gehört neben den Problemen des inhaltlichen, zeitlichen und stilistischen Zusammenhanges auch das Problem der räumlichen Einheit: für welchen Sprach- bzw. Kulturraum und – darin eingeschlossen – für welches politische Gebiet treffen die oben beschriebenen Charakteristika der Vormärzliteratur zu? Eng verknüpft mit dieser Frage ist das Problem der (eigenständigen) Nationalliteratur, des klassischen Gegenstandes der literarhistorischen Forschung im 19. Jahrhundert und noch darüber hinaus. Selbst der vorliegende Band erweckt den Eindruck, daß auch er noch in dieser Tradition steht, beschränkt er sich doch klar auf die deutsch-sprachige Literatur und die ihr zugrundeliegenden deutschen Verhältnisse. Doch diese »Beschränkung« läßt sich rechtfertigen.

Wie in Kap. 2.1.3. ausführlich dargelegt, werden die ökonomischen, politisch-ideologischen und spezifisch literarischen Prozesse in den deutschen Territorien im Vormärz als Besonderungen des allgemein-europäischen Überganges von der feudalen zur bürgerlich-kapitalistischen Ordnung begriffen. Da es den Rahmen dieser Darstellung übersteigen würde, die – trotz der Besonderung vorhandenen – *gemeinsamen* Elemente dieser Entwicklung herauszuarbeiten (z. B. im Phänomen der Romantik und ihrem Fortleben sowie vor allem im Realismusproblem) treten hier die gegenüber der westeuropäischen Entwicklung besonderen Verhältnisse der deutschen Territorien gezielter in den Vordergrund. Gerade weil es in Deutschland zu einem aus dem Verlauf der feudalen Vorgeschichte begründeten besonderen Widerspruch zwischen ökonomischer Emanzipation vom Feudalismus und der politischen Gebundenheit an ihn kam und dieser Widerspruch sich in spezifischer Weise vom polit-ökonomischen zum ideologischen (speziell: literarischen) Bereich verschob, ist es berechtigt, von einem *deutschen* Vormärz zu sprechen und ihn gerade als Literarhistoriker gesondert zu untersuchen.

Die anstehende Frage des österreichischen Vormärzes kann – so betrachtet – nicht vom Standpunkt einer österreichischen Nationalliteratur dargestellt werden (was im Zuge der ideologischen Begründung des »Österreichtums« seit der 2. Hälfte des 19. Jahrhunderts freilich oft genug geschehen ist). Sie muß vielmehr unter der Perspektive behandelt werden, inwiefern die österreichischen Verhältnisse – sofern sie nicht Gemeinsamkeiten mit den Verhältnissen der übrigen Staaten des Deutschen Bundes gehabt haben – als spezifische Besonderungen jener Abweichungen darstellbar sind, durch die die allgemeine deutsche Entwicklung gegenüber der westeuropäischen gekennzeichnet ist. Das gleiche gilt für die deutsch-sprachige Schweiz.

2. In der *deutschen* (d. h. nicht-österreichischen) Literaturgeschichtsschreibung ging man in der Regel von der Deutschsprachigkeit der österreichischen Vormärz-Schriftsteller aus und gliederte Autoren wie Grillparzer, A. Grün, Lenau, Raimund, Nestroy, Stifter u. a. ohne viel Aufhebens in die deutsche Literaturgeschichte ein. Dem widersprachen kleindeutsch-nationalliterarisch, stammesgeschichtlich, literaturgeographisch sowie vor allem österreichischnational orientierte Literarhistoriker (wie z. B. Nadler, W. Brecht, Benda u. a.; vgl. dazu die weiteren genauen Hinweise bei *Seidler* 1970, S. 359 ff.). Sengle rechtfertigt jedoch das überwiegend assimilisierende Verfahren der deutschen Literarhistoriker und verurteilt ausdrücklich die Isolierung der vormärzlichen österreichischen Literatur: »Richtig ist die Aufwertung, falsch die Isolierung Österreich-Ungarns!« (I, S. 112, Anm.)

Dies ist – so muß hervorgehoben werden – vor allem eine klare Absage an die Biedermeierforschung, die nicht nur mit einem beträchtlichen Aufwand die literaturgeographische Erforschung des süddeutsch-südosteuropäischen Raumes unter dem Gesichtspunkt des »Biedermeier« betrieben hat (vgl. dazu *Hermand*, Ep.probl., S. 49 ff.), sondern sogar in einzelnen Fällen so weit ging, »Biedermeier« und »österreichisches Wesen« gleichzusetzen und die Literatur dieser Zeit als »österreichische Klassik« zu feiern (*Walter Dietl:* Die Literatur des österreichischen Biedermeiers und die Antike, Innsbruck, Diss. 1954, S. 51). Entsprechendes gilt für die Arbeiten, die den »österreichischen Vormärz« in den Mittelpunkt stellen.

Den Entwicklungsgang der *österreichischen* Erforschung des literarischen Erbes und des Problems der eigenständigen österreichischen Nationalliteratur referiert kritisch Seidler 1970. Er unterscheidet in dem Bemühen, die Eigenständigkeit der österreichischen Literatur zu begründen, drei Richtungen:

Erstens: die wissenschaftlichen Versuche (A. Sauer, Nagl/Zeidler, J. Nadler, W. Brecht, R. Mühlher, G. Baumann, A. Madl, R. Bauer); zweitens: die ideologisierenden Begründungen eines besonderen »Österreichtums« (Grillparzer, O. A. F. Schmitz, Bietak, Benda, Tibal, Strelka); drittens: die darauf reagierenden »gegenideologischen« Versuche mit scharfer Kritik am besonderen Österreichtum (hier vor allem *Claudio Magris:* Der Habsburgische Mythos in der österreichischen Literatur, Salzburg 1966).
Seidler warnt vor der »Gefahr verstärkten Hinterweltlertums« (S. 367) bei der engen Perspektive auf die österreichische Nationalliteratur, womit er einräumt, daß heute eine hinterwäldlerische Perspektive herrscht. Er fordert im Sinne der vergleichenden Literaturwissenschaft das Überschreiten der nationalen und sprachlichen Grenzen. Bezogen auf die österreichische Literatur der »Restaurationszeit« und die Frage ihrer Eigenständigkeit betont er

ein Jahr später deren besondere geschichtliche Lage: »innerhalb der gesamt-deutschen Literatur bildet sich in ihr ein eigengeprägtes Österreichtum aus. Diese große Literatur nur als deutsch anzusehen, wäre falsch und einseitig, aber ebenso falsch und einseitig wäre es, sie nur als österreichisch zu betrach-ten. Gerade in der österreichischen Literatur der Restaurationszeit zeigen sich erste Anzeichen eines Hinausgreifens über nationale und sprachliche Grenzen zu einem neuen europäischen Humanismus« (*Seidler*, 1971, S. 250).

Fazit: Ergebnisse stehen noch aus, ein Unterschied zu Sengle ist nicht zu erkennen.

Gespannt sein darf man auf die Ergebnisse der DDR-Vormärz-forschung, die neben Einzelarbeiten vor allem in den Konzepten zur »Geschichte der deutschen Literatur« stets auf das Problem des österreichischen Vormärz eingegangen ist. Nun läßt sich kaum be-streiten, daß das Interesse der DDR-Literaturwissenschaft an der »Frage nach der Herausbildung einer eigenständigen österreichi-schen Nationalliteratur« (*Rosenberg*, Vormärz, S. 162) in einem nicht unwesentlichen Zusammenhang steht mit ihrem Interesse am Problem der Herausbildung einer eigenständigen sozialistischen Nationalliteratur in der DDR und daß diese Perspektive bzw. ihre Schwankungen im Auge behalten werden müssen. Dies um so mehr, als sich dabei ein gewisser Widerspruch zu dem gleichermaßen vor-handenen Anspruch ergibt, den engen nationalgeschichtlichen Rah-men überschreiten zu wollen.

Der Widerspruch wäre materialistisch nur in dem einleitend skiz-zierten Sinne zu lösen, d. h. es kommt nicht darauf an, den »Diffe-renzierungsprozeß von der deutschen Nationalliteratur«, etwa in Zusammenhang mit der nationalen Frage darzustellen, wie es die Feinkonzeption 1969 vorschlägt (S. 287), sondern es muß darum ge-hen, das spezifisch Österreichische als Teilmoment der allgemeinen Vormärzproblematik in den Blick zu bekommen.

3. Die österreichische ›Sonderform‹ im Vormärz gründet sich auf eine von den deutschen Verhältnissen abweichende Entwicklung im *ökonomisch-politischen Bereich*. War schon der deutsche Vormärz gekennzeichnet durch eine gegenüber Westeuropa verspätete Indu-strielle Revolution, so vollzieht sich in Österreich die ökonomisch-politische Umwälzung von der feudalen zur bürgerlich-kapitalisti-schen Ordnung noch später. Im Gegensatz zu z. B. Preußen, der anderen Großmacht im Deutschen Bund, blieben in Österreich die feudalen Strukturen nahezu ungebrochen, nicht zuletzt deswegen, weil es ein ökonomisch relevantes Bürgertum noch nicht gab (allen-falls ein schmales Beamtenbürgertum). Politisch-ökonomisch und ideologisch tonangebend war also während des gesamten Vormärz in Österreich die Aristokratie.

Infolge dieser Strukturen kam es in Österreich nicht in der Weise zu dem den deutschen Vormärz konstituierenden Widerspruch zwischen ökonomischer Emanzipation vom Feudalismus und der politischen Gebundenheit des Bürgertums an ihn. Die für den deutschen Vormärz charakteristische Verschiebung der Auseinandersetzung von der politischen Ebene zur ideologischen stellte sich für Österreich von vornherein als reine »Gedankenbewegung« dar, konnte aber als solche nicht die entsprechende Relevanz entfalten, da ein rigides Überwachungssystem (Zensur, Polizei- und Spitzelsystem, massive staatliche Einflußnahme auf die Universitäten usw.) dafür sorgte, daß es zu keiner ideologischen Diversion kam. Wenn gleichwohl ›Infizierungen‹ mit dem nicht erlaubten Zeitgeist geschahen, blieb den betroffenen Intellektuellen in der Regel nur die Emigration in deutsche Staaten (z. B. Moritz Hartmann, Alfred Meißner, Karl Beck u. a.) oder – seltener – die (anonyme) Veröffentlichung ihrer Werke im Ausland (z. B. Auersperg, Zedlitz, Lenau) bzw. die Unterdrückung der Veröffentlichung überhaupt (z. B. Grillparzer). Infolgedessen hatte die restaurative Politik, von Österreich durch Metternich ausgehend, gerade in Österreich auch die besten Chancen der Verwirklichung. Doch wurde mit diesem anfangs gut funktionierenden Stabilitätssystem, »in dem alles nur geschah, damit nichts geschehe« (*Werner,* Pol. Ged., S. 191), gleichwohl ein dialektischer Prozeß in Gang gesetzt, der den Vielvölkerstaat gerade an den Problemen von innen her aufbrechen ließ, die nach außen mit offensiver Gewalt (militärische Niederwerfung der nationalen Freiheitsbewegungen) und nach innen durch Absperrung (handelspolitisch durch Schutzzölle, ideologisch durch Zensur usw.) gelöst zu sein schienen: die ökonomische und die nationale Frage, in denen sich die Bedürfnisse und Interessen des Bürgertums artikulierten (vgl. dazu bereits *Engels,* MEW, Bd. 4, S. 504 ff.). Im Vormärz brechen diese Probleme vor allem seit 1830 immer stärker auf, können aber noch einigermaßen gemeistert werden. Daher läßt sich in bezug auf diese Zeit von einer für Österreich »charakteristische[n] ›Permanenz‹ der politisch-sozialen Strukturen und somit auch der Ideologien und der Ausdrucksformen« (*Bauer,* S. 47) sprechen, die teils durch Basisprozesse vorgegeben, teils durch ideologische Restriktion erzwungen ist.

In diesem Zusammenhang sind die verschiedentlich beschriebenen Charakteristika des *österreichischen Geistesleben* zu sehen: »die Kontinuität Barock-Josephinismus (oder: aristokratische Kultur – ›bürgerliche‹ Kultur), der Antisubjektivismus im Namen einer höheren Ordnung (die politische Ordnung ist eine Modalität und ein Abbild davon) und endlich, in der Politik, der problematische, spannungsgeladene Konservativismus der ›traumatischen‹ Spätjakobiner...« (*Bauer*, S. 43). Diese Eigenarten prädestinierten Österreich für die Führungsrolle in der geistigen Restauration und nicht von ungefähr war gerade deswegen Wien ein Zentrum für deren Verfechter. Von Wien ging neben starken klerikal-reaktionären Tendenzen ein spezifischer Konservativismus aus, der nach R. Bauer charakterisiert ist durch »eine gewisse Angst vor der werdenden Geschichte. Man will weder zurück noch nach vorn; man verurteilt sowohl die restaurative Romantik wie das revolutionäre Junge Deutschland. An beiden Bewegungen glaubt man nämlich den Makel der subjektivistischen Hybris, des willkürlichen Eingreifens zu entdecken« (S. 41).

Dieser Konservativismus ist – das müßte gegen Sengles Epochendarstellung von der künftigen Vormärzforschung noch genau herausgearbeitet werden – die *eine* Antwort auf die allgemeine Traditionskrise: der Versuch, durch Restaurierung der vorrevolutionären Ideologien und Eliminierung ihrer Kritik die Geschichte anzuhalten. Dabei blieb diesem Konservatismus das Stigma, sich als »konservativ« gerade im Akt einer Traditionsnegierung (vgl. den Anti-Idealismus) konstituiert zu haben. Er vollzog damit auf seine Weise und ungewollt ebenfalls eine Traditionsablösung und arbeitete so dialektisch an seiner eigenen Aufhebung mit. Hier wäre im einzelnen die dialektische Funktion des Josephinismus »als Opposition gegen die katholische Restauration und die politische Reaktion« (*Seidler* 1971, S. 236) bzw. als »traumatisierter« Konservatismus (*Bauer*, S. 40) zu untersuchen. Im vormärzlichen Österreich einfach den Hort der Reaktion zu sehen, wie es nicht wenige (nord-) deutsche Zeitgenossen taten (Anklänge daran auch bei *Engels* 1848, MEW, Bd. 4, S. 504–510), führt nicht weiter. Nicht nur kamen wichtige Anstöße zur politischen Vormärzdichtung aus Österreich (Anastasius Grüns »Spaziergänge eines Wiener Poeten«, 1831), nicht nur waren eine Reihe bedeutender demokratischer Schriftsteller Österreicher (z. B. M. Hartmann), schließlich begann im März 1848, noch vor den Berliner Ereignissen, in Wien die Revolution, die alsbald zur Verjagung Metternichs führte.

Der österreichische Konservativismus ist – wenngleich aus spezifischen Bedingungen entstanden – für den deutschen Vormärz wirksam geworden als Rechtfertigungssystem gegenüber der dort stärker sich entfaltenden Traditionskritik. Beide Tendenzen, konservative Bewahrung wie revolutionäre Kritik, bleiben dialektisch miteinander vermittelt und müssen in dieser Verschränkung erfaßt und beurteilt werden. So betrachtet ist der österreichische Vormärz ein konstitutives Element des deutschen Vormärz und kann weder weggelassen noch isoliert für sich dargestellt werden.

Literatur:

Bibliographie:

Internationale Bibliographie zur Geschiche der deutschen Literatur von den Anfängen bis zur Gegenwart. Leitung und Gesamtredaktion von Günter Albrecht und Günther Dahlke. Teil II, 1. München und Berlin 1971, S. 697–701.

Personalbibliographien österreichischer Dichter und Schriftsteller: von den Anfängen bis zur Gegenwart; mit Auswahl einschlägiger Bibliographien, Nachschlagewerke, Sammelbiographien, Literaturgeschichten und Anthologien. Bearb. von Karl F. Stock; Rudolf Heilinger; Marylène Stock. Pullach. 1972.

Forschungsbericht:

Herbert Seidler: Die österreichische Literatur als Problem der Forschung. In: Österreich in Geschichte und Literatur 14 (1970), S. 354–368.

Literatur zum österreichischen Vormärz:

Gustav Otruba: Wirtschaft und soziale Lage Österreichs im Vormärz. In: Österreich in Geschichte und Literatur 10 (1966), S. 161–176.

Gerhart Baumann: Franz Grillparzer. Dichtung und österreichische Geistesverfassung. Frankfurt [2]1966.

Eduard Winter: Romantismus, Restauration und Frühliberalismus im österreichischen Vormärz. Wien 1968.

Walter Weiss: Österreichische Literatur – eine Gefangene des habsburgischen Mythos? In: DVjs 43 (1969), S. 333–345.

Antal Mádl: Politische Dichtung in Österreich (1830–1848), Budapest 1969.

Heinz Stanescu: Rumäniendeutsche Vormärzdichtung. Bukarest 1969.

Roger Bauer: Die sozialen, politischen und ideologischen Voraussetzungen der österreichischen Literatur des frühen 19. Jahrhunderts. In: Lenau-Forum 2 (1970), H. 3/4, S. 37–47.

Herbert Seidler: Die geistige und künstlerische Lage der österreichischen Literatur in der Restaurationszeit. In: Marginalien zur poetischen Welt. Festschrift Robert Mühlher. Berlin 1971, S. 233–250.

Paul Reimann: Probleme und Gestalten der österreichischen Literatur (1944). In: Über realistische Kunstauffassung. Berlin [1]1949, [2]1952, S. 235–303.

Rainer Rosenberg: Vormärz, S. 161 ff.

Feinkonzeption, S. 287 f.

3. Literarhistorische Darstellung der Vormärz-Epoche

Vorbemerkung: Da es das Ziel des vorliegenden Bandes ist, zur materialistischen literarhistorischen Begründung der Zeit von 1815 bis 1848 unter dem Epochenbegriff »Vormärz« beizutragen, beschränkt sich der folgende Literaturbericht vorwiegend auf Werke und Arbeiten der letzten 10 bis 15 Jahre und akzentuiert unter ihnen besonders jene, die von einem materialistischen Ansatz ausgehen bzw. wichtige Vorarbeiten dazu leisten oder die Diskussion vom materialistischen Standpunkt her fordern. Über den Zugang zur älteren Forschung sowie zu Arbeiten zwischen 1945 und 1960 orientiert vorzüglich:

Johannes Hansel: Bücherkunde für Germanisten. Studienausgabe. Bearb. von Lydia Tschakert. Berlin ⁶1972.

3.1. Bibliographien, Forschungsberichte, Textsammlungen

3.1.1. Bibliographien

1. Abgeschlossene Bibliographien – 2. Periodische Bibliographien – 3. Periodische Referatenorgane

Wer heutzutage zum Thema »Vormärz« Schrifttum bibliographieren will, muß durchaus findig sein. Da sich die Uneinheitlichkeit in der Epochenbezeichnung und Periodisierung der Zeit von 1815 bis 1848 natürlicherweise in den Bibliographien wiederfindet, ist die Sammlung der zu dieser Epoche gehörigen Literatur verstreut. Je nach Gliederungsprinzip der betreffenden Bibliographie ist daher unter Kapiteln wie z. B. »Goethezeit«, »Romantik«, »Biedermeier«, »Junges Deutschland«, »Vormärz«, »48er-Revolution«, »Realismus« usw. nachzusehen. Auf keinen Fall genügt es, sich mit dem Abschnitt »Vormärz«, sofern in einer Bibliographie überhaupt vorhanden, zu begnügen, da hiermit durchweg der mehr oder weniger stark eingeschränkte Epochenbegriff (ab 1830 bzw. ab 1840) gemeint ist. Dieses Problem wiederholt sich in den sogen. »versteckten« Bibliographien mancher Dissertationen, Monographien und Literaturgeschichten zur Vormärzzeit, die hier jedoch nicht berücksichtigt werden können.

1. Abgeschlossene Bibliographien:

Eine spezielle abgeschlossene Bibliographie zur Epoche 1815–1848 gibt es nicht, man muß daher zu dem betreffenden Zeitraum in den allgemeineren Bibliographien zur deutschen Literaturgeschichte nachschlagen.

Die älteren bibliographischen Grundwerke geben für die materialistische Vormärz-Forschung kaum etwas her: Die »Neue Folge« des *Goedeke* (Berlin 1962) enthält eine Bibliographie zum allgemeinen Schrifttum, die lediglich den Zeitraum 1830 bis 1848 umfaßt (S. 44–59) und überdies für ihre Berichtszeit bis ca. 1954 durchaus nicht vollständig ist; die Auswahlbibliographien bei Josef *Körner* (1949) bzw. bei Wilhelm *Kosch* (1949 ff. sowie in 3. Aufl. 1968 ff.) erfassen ebenfalls nicht die moderne Forschung und sind als Zitierhilfe für die ältere Forschung nicht immer brauchbar bzw. zuverlässig.

So bleiben drei empfehlenswerte abgeschlossene Bibliographien übrig: *Cowens* »Neunzehntes Jahrhundert« (1970), die aus der DDR stammende, von osteuropäischen Germanisten zusammengestellte »*Internationale Bibliographie zur Geschichte der deutschen Literatur*« (1969–72) und das »*Bibliographische Handbuch der deutschen Literaturwissenschaft*« (1973 f.).

Cowens Auswahlbibliographie hat allerdings den Nachteil, daß sie nur den Zeitraum ab 1830 umfaßt. Vor allem für den Studenten verfaßt, konzentriert sie sich hauptsächlich auf die Forschungen seit 1945 und weist Literatur bis zum Jahr 1966 nach. Dabei werden, auch das sollte man kritisch beachten, in erster Linie Interpretationen und Materialien zum Werkverständnis berücksichtigt sowie nur jene Vormärzschriftsteller aufgenommen, denen zwischen 1945 und 1965 wissenschaftliche Untersuchungen gegolten haben! Fragwürdig ist die Zuordnung einzelner Dichter zu bestimmten Perioden und Stilrichtungen (z. B. Georg Weerth zum Jungen Deutschland!).

Die »*Internationale Bibliographie zur Geschichte der deutschen Literatur*« hat drei große Vorteile: sie verzeichnet in genauer Weise die osteuropäische Forschung, die in anderen Bibliographien oft zu kurz kommt; sie berücksichtigt die ältere Sekundärliteratur besonders dann, wenn sie wichtige Literaturverzeichnisse besitzt; und sie legt »besonderes Augenmerk auf progressive Traditionen« (Bd. 1, S. 7) der Literaturgeschichte und deren Erforschung: gerade diese Akzentuierung kommt dem Vormärzforscher sehr entgegen. Der Berichtsraum erstreckt sich bis ca. 1970, wenn man die Nachträge berücksichtigt. »Vormärz« ist als Epochenbegriff zwar Oberbegriff, gilt aber erst ab 1830. Sehr ausführliche Hinweise finden sich in Band II, 1 (S. 387–403; 464–529), knappere Hinweise in Band II, 2.

Nützlich wird auch der demnächst erscheinende 2. Band des »*Bibliographischen Handbuchs der deutschen Literaturwissenschaft*« sein, das beansprucht, die vollständigste und genaueste deutsche Bibliographie für die Berichtszeit von 1945 bis 1969 zu sein. Es ist eine ergänzte Zusammenfassung der periodischen »Bibliographie der deutschen Sprach- und Literaturwissenschaft«.

Literatur:
Roy C. Cowen: Neunzehntes Jahrhundert (1830–1880). Bern, München 1970. (= Handbuch der deutschen Literaturgeschichte. 2. Abt.: Bibliographien. Bd. 9).

Internationale Bibliographie zur Geschichte der deutschen Literatur von den Anfängen bis zur Gegenwart. Erarbeitet von dt., sowjet., bulgar., jugoslaw., poln., rumän., tschechoslowak. und ungar. Wissenschaftlern unter Leitung und Gesamtredaktion von Günter Albrecht und Günther Dahlke. Teil 2. Von 1789 bis zur Gegenwart. München und Berlin 1971/72. Registerband 1973.

Bibliographisches Handbuch der deutschen Literaturwissenschaft 1945–1969. Hrsg. und bearb. von Clemens Köttelwesch. Bd. 2. Frankfurt 1974 f.

2. Periodische Bibliographien (jährlich):

Die periodischen Bibliographien sind für die Vormärzforschung insofern ergiebiger, als mit ihnen das neueste Schrifttum erfaßt werden kann, wenngleich die »Verspätung« bei den Jahresberichten, auf die wir uns hier beschränken, ein bis zwei Jahre betragen kann.

Der von der Deutschen Akademie der Wissenschaften zu Berlin herausgegebene *»Jahresbericht für deutsche Sprache und Literatur«* (Berlin 1960 ff.), ein Mehrjahresbericht in bisher zwei Bänden, kommt kaum in Frage, da sein Berichtsraum lediglich von 1940 bis 1950 reicht.

An erster Stelle zu nennen ist die von C. Köttelwesch herausgegebene *»Bibliographie der deutschen Sprach- und Literaturwissenschaft«*, die für die Zeit ab 1945 berichtet und seit 1969 in Jahresbänden erscheint (ca. ein dreiviertel Jahr nach Ablauf des Berichtsjahrs). Das Schrifttum über den Vormärz findet sich sowohl im Kapitel »Romantik« als auch im Kapitel »19. Jahrhundert«, das mit 1830 beginnt und seit den letzten Bänden in die Unterkapitel »Allgemein«, »Biedermeier«, »1848 und die Literatur«, »Junges Deutschland« und »Realismus« gegliedert ist.

Herangezogen werden kann überdies auch die amerikanische *»Annual bibliography«* in PMLA, die bereits im April des Folgejahres über die Neuerscheinungen in Form einer Titelliste berichtet. Nachzusehen ist dabei im Kapitel »Nineteenth and early twentieth century«.

Durchaus zu berücksichtigen ist die *»Internationale Bibliographie zur deutschen Klassik 1750 bis 1850«* aus der DDR, die bis 1963 halbjährlich in den »Weimarer Beiträgen«, seit 1964/65 jedoch in selbständigen Jahresbänden erschien. Da die Sekundärliteratur den alphabetisch geordneten Schriftstellern nachgestellt ist, muß vor allem mit dem Sachregister vorgegangen werden.

Literatur:
Bibliographie der deutschen Sprach- und Literaturwissenschaft. Hrsg. von H. W. Eppelsheimer. (Ab 1958: Clemens Köttelwesch). Frankfurt 1957 ff.
Annual Bibliography. Abt.: General section. German language and literature. In: PMLA. Suppl. Bd.
Internationale Bibliographie zur deutschen Klassik 1750–1850. Bearb.von Hans Henning und Siegfried Seifert. Folge 11/12 (1964/65) ff.

3. Periodische Referatenorgane:

Die Referatenorgane sind mehr oder weniger stark auswählende Bibliographien mit Kurzrezensionen. Am ausführlichsten ist die von T. Krömer redigierte *»Germanistik«* (vierteljährlich, seit 1960), ein internationales Referatenorgan mit überdies vielen bibliographischen Hinweisen. Nachzusehen ist hier sowohl im Kapitel »Goethezeit 1770–1830« sowie im Kapitel »Von der Nach– [seit 1968: ›Spät‹–] Romantik zum Realismus 1830–1880«.

In der englischen Bibliographie *»The Year's Work in Modern Language Studies«*, die jährlich erscheint, wird in überwiegend fortlaufender Darstellung über die Neuerscheinungen des Vorjahres berichtet. Nachzusehen ist hier in den Kapiteln »The classical era. The romantic era« sowie »Literature 1830–1880«.

Sehr wichtig, wenn auch für den Vormärz nicht sehr umfangreich, ist der in der DDR erscheinende *»Referatedienst zur germanistischen Literaturwissenschaft«* (Jahresbände, seit 1969), der in z. T. recht ausführlichen Rezensionen die wichtigsten Veröffentlichungen, auch aus der BRD, bespricht. Nachzusehen ist hier im Hauptkapitel »Deutsche Literaturgeschichte« unter dem Abschnitt »1770–1848«.

Die von W. Riese herausgegebenen *»Gesellschaftswissenschaftlichen Informationen*, Rezensionszeitschrift für wissenschaftliche Literatur der DDR« (Stuttgart 1968 ff., Jahresbände) erfassen zwar viele Veröffentlichungen und sind daher für die schnelle Orientierung geeignet, doch wäre es zweifellos erheblich ergiebiger, wenn die für den Bereich Literatur anfallende Besprechungsarbeit von mehr als (wie bisher) im wesentlichen einem Rezensenten (H. U. Sander) geleistet werden würde.

Literatur:
Germanistik. Internationales Referatenorgan mit bibliographischen Hinweisen. Tübingen 1960 ff.
The Year's Work in modern Language Studies. Cambridge 1931 ff. (vorher: Oxford 1929 ff.).
Referatedienst zur germanistischen Literaturwissenschaft. Literaturwissenschaftliche Information und Dokumentation. Hrsg. vom Zentralinstitut für Literaturgeschichte (Dt. Akad. der Wiss. zu Berlin). Berlin (DDR) 1969 ff.
Internationale Bibliographie der Rezensionen wissenschaftlicher Literatur (IBR). Hrsg. von Otto Zeller. Osnabrück 1971 ff. (Für die Zeit vor 1971 vgl. Acta Germanica 1 (1966) ff.: Bibliographie der Buchrezensionen)

3.1.2. Forschungsberichte

1. *Hermands* Retrospektive – 2. Autorenkollektiv: Der Literarische Vormärz – 3. Sammelrezensionen

1. Die schmale Zahl der Arbeiten, die unter dem Titel ›Forschungsbericht‹ zur Vormärzepoche seit 1945 vorliegen, spiegelt in

Anlage, Auswahl und Akzentuierung das in Kap. 2.1.2. skizzierte Problem der literarhistorischen Epochenbestimmung wider. Zum »Vormärz« in dem Sinne, wie er in diesem Band als Epoche begründet wurde, gibt es keinen Forschungsbericht, wohl aber Literaturberichte, die auf einen anderen Epochentitel zielen und damit, zumeist begründet durch die Periodisierung bzw. das Epochenkonzept, zu einer anderen Literaturauswahl gelangen.

Die Forschungsberichte zum »Biedermeier« (Meyer 1952), zu »Biedermeier und Junges Deutschland« (Weydt 1951) sowie die zur Biedermeierforschung Stellung nehmenden kritischen Berichte von Norst (1966), Fülleborn (1966) und Sengle (1971, Bd. I, 119 ff.) sind für die Vormärzforschung heute kaum mehr relevant. Ihre Ergebnisse sind in dem erst vor wenigen Jahren erschienenen und ungleich umfangreicheren Forschungsbericht zur Restaurationszeit »Allgemeine Epochenprobleme« von *Hermand* (1970) aufgehoben. An diesem monumentalen Literaturbericht mit seinen 190 Anmerkungen (!) kann keine Vormärzforschung vorbei, auch wenn das Hermandsche Epochenkonzept aus den in Kap. 2.2.1., Abs. 4, 5 genannten Gründen nicht akzeptiert werden kann.

Hermand läßt in seinem Forschungsbericht zunächst die Vielzahl der Literaturgeschichten sowie die Anthologien, Lexika und Handbücher seit 1945 Revue passieren und stellt dar, nach welchen Einteilungsprinzipien die Periode 1815–1848 in ihnen gegliedert und wie die einzelnen Untergliederungen benannt wurden. Auch wenn es ihm gelingt, in die wuchernde Vielfalt der Periodisierungen eine gewisse Ordnung zu bringen, es bleibt – wie er selbst sagt – der »Eindruck des Chaotischen. Wohin man auch blickt, scheinen subjektive Willkür oder objektives Kuddelmuddel zu herrschen« (S. 16). Hermand selbst schlägt als Oberbegriff die Bezeichnung »Restaurationsepoche« vor. Ein weiteres Ergebnis seiner Durchsicht der Literaturgeschichten ist die Erkenntnis, daß in den meisten Darstellungen einseitig das konservativ-biedermeierliche Moment betont wurde.

Im zweiten Kapitel beschäftigt sich Hermand mit der Biedermeierforschung in der BRD, mit der sich jedoch – wie er zusammenfassend feststellt – »kein besonderer Staat machen« (S. 26) läßt, die Arbeiten Sengles, Meyers, Weydts, Flemmings und Hermands ausgenommen. Hier schlägt Hermand vor, den Biedermeier-Begriff als Stilkategorie lediglich »auf den konservativen Strang« (S. 22) anzuwenden. Alsdann referiert er die Situation der Junges-Deutschland-Forschung und der Forschung über die politische Dichtung der 40er Jahre und stellt hier noch viele ungelöste Forschungsaufgaben fest. In einem weiteren Ansatz beschäftigt er sich sodann nacheinan-

der mit jenen Monographien, die gattungsgeschichtlich bzw. -theo-
retisch, thematisch und motivgeschichtlich sowie lokalgeschichtlich
orientiert sind, und dringt dabei bis an die Grenze jener obskuren
Bereiche vor, »wo das Rezensieren einfach keinen Spaß mehr macht«
(S. 53). Hermand schließt seinen Literaturbericht, der seinen Wert
vor allem im Abgesang auf eine immer anachronistischer gewordene
bürgerliche Forschungsrichtung besitzt, mit dem Appell: »Wenn
dieser Forschungsbericht wenigstens eines gezeigt hat, so ist es das
starke Interesse an allem, was in die Rubrik des ›Formalästhetischen‹
und ›Konservativen‹ fällt. Legen wir daher den Nachdruck unserer
Forschungen in Zukunft etwas mehr auf das Liberale und die thematischen Zusammenhänge, wenn schon nicht aus ideologischen
Gründen, so doch wenigstens aus Gründen der Fairneß und des inneren Gleichgewichts« (S. 53).

2. Der betont retrospektive, aufhebende Charakter des Hermand-
schen Forschungsberichts sowie die Tatsache, daß seine Veröffentlichung in eine Zeit fiel, in der sich die Vormärz-Forschung intensi-
vierte, weisen diesem gleichwohl wichtigen Literaturbericht seinen
Platz eher an den Schluß einer abgelebten als an den Anfang einer
neuen Phase der Vormärzforschung zu. Den letztgenannten Platz
könnte am ehesten jene Sammlung von Forschungsreferaten zur
Rezeption des Vormärz von 1850 bis zur Gegenwart beanspruchen,
die im zweiten Teil des Bandes »*Der Literarische Vormärz*« (1973)
vorgelegt und von einem Münchener Autorenkollektiv verfaßt
wurde. Relativiert wird dieser Anspruch jedoch sogleich wieder dadurch, daß in diesen Referaten von einem auf die politisch-progressive Literatur eingeschränkten Vormärz-Begriff (ab 1830) ausgegangen wird.

In den sechs Referaten wird, in durchaus unterschiedlicher Intensität, die
Rezeption der Vormärzliteratur in den historischen Phasen 1850–1870,
1870–1918, 1918–1933, 1933–1945 sowie in der BRD und der DDR untersucht. Durchgängiger Hauptgesichtspunkt ist dabei die Herausarbeitung der
»weitgehende[n] Vernachlässigung bzw. Fehlinterpretation dieser Epoche
engagierter Literatur durch die offizielle Germanistik« (S. 5). Da die in Frage
kommenden Vormärzdarstellungen in Literaturgeschichten und Monographien von den Autoren in enge Beziehung zur Entwicklungsgeschichte der
bürgerlichen Germanistik und diese wiederum in ihrem Zusammenhang mit
der herrschenden Klasse, der Bourgeoisie, dargestellt und kritisiert werden,
lesen sich diese Referate zugleich auch wie eine Kritik der bürgerlichen Germanistik. (Ähnlich geht auch Merkelbach 1973 vor.) Überflüssig zu betonen,
daß die politisch-ideologische Ursache für die Miß-Geschichte der Vormärzrezeption nur auf diese Weise begründet werden kann. Verglichen mit
Hermands betont referierendem, die liberale Parteilichkeit zügelndem For-

schungsbericht, wird in diesen Referaten nicht ganz so intensiv informiert, gleichzeitig aber stärker ›entlarvt‹. Hervorzuheben ist der von G. Bott verfaßte Bericht über die Vormärzrezeption in der BRD; H. W. Jägers Referat über die Leistungen der DDR-Literaturwissenschaft ist dagegen zu knapp; weder wird der gesellschaftliche Kontext der DDR-Vormärzforschung herausgestellt noch werden ihre Entwicklung und Differenzierung sowohl in literarhistorischen wie auch in literarästhetischen und -theoretischen Fragen erläutert.

Den Referaten angeschlossen ist eine Bibliographie, die sich in vier Teile gliedert (Ausgaben und Anthologien – Literaturgeschichten – Epochendarstellungen und Einzelstudien – Literatur zur Ideologie- und Methodenkritik der Germanistik). Die Bibliographie ist nicht fehlerfrei (unvollständige Titel, nicht richtig geschriebene Namen, verkehrtes Erscheinungsjahr); man vermißt die Erwähnung von Broecker (1912), Kischka (1964), Kleinberg (1927), Klemperer (1910), Kunze (1938), Legge (1918), Lublinski (1900), Mádl (1969), Pollak (1911), Stein (1971), Träger (1895) sowie vor allem Hinweise auf die Feinkonzeptionen und Vorabdrucke der neuen DDR-Literaturgeschichte (1969 ff.).

3. Neben diesen beiden umfassenderen Forschungsberichten, zu denen sich laut Ankündigung ab 1975 ein Vormärz-Forschungsbericht von H. C. Seeba in der DVjs gesellen wird, gibt es noch eine Reihe von begrenzteren Sammelrezensionen.

P. Schuppan (1960) aus der DDR setzt sich als Historiker mit der »Literatur zur Periode des Vormärz (1815–1848)« (!) auseinander, wobei er im wesentlichen die historiographische und literaturgeschichtliche Forschung der DDR berücksichtigt und dabei auch auf entlegene Aufsätze eingeht.

Rosenbergs bereits mehrfach erwähnter Aufsatz »Zur Forschungsproblematik der deutschen Literatur des Vormärz« (1968) ist ein Wiederabdruck des ersten allgemeinen Teiles seiner in den »Weimarer Beiträgen« 13 (1967) veröffentlichten Rezension des »Lehrbriefs zur Geschichte der deutschen Literatur von 1830 bis 1848« von Günther Voigt.

Stanescus thematisch eingegrenzter Literaturbericht beschäftigt sich mit der Frage »Zur näheren Bestimmung des Begriffs ›Vormärz‹« (1969), wobei er neben DDR-Autoren vor allem die rumänische Forschung (Siebenbürgen!) berücksichtigt.

Mit derselben Frage befaßt sich *Stein* (1972) in dem Forschungsbericht »»Vormärz‹ als literaturgeschichtliche Epochenbezeichnung«, in dem – über Stanescu hinausgehend – die wechselhafte Geschichte des Epochenbegriffs »Vormärz« seit 1850 sowie der Zusammenhang mit den Begriffen »Biedermeier« und »Junges Deutschland« dargestellt werden.

Abschließend sei noch für die schnelle Ermittlung neuester Rezensionen hingewiesen auf: *Internationale Bibliographie der Rezensionen wissenschaftlicher Literatur* (IBR). Hrsg. von Otto Zeller. Osnabrück 1971 ff.

Literatur:

Herbert Meyer: Das literarische Biedermeier. Ergebnisse und Fragen. In: DU 5 (1952). Beilage zu Heft 2, S. 1–8.

Günther Weydt: Biedermeier und Junges Deutschland. Eine Literatur- und Problemschau. In: DVjs 25 (1951), S. 506–521.

Fülleborn: S. 7–42.

Norst: S. 147–168.

Hermand: Ep.probl.

Vormärz 1973: S. 161–278.

Peter Schuppan: Literatur zur Periode des Vormärz (1815–1848). In: Zs. f. Geschichtswiss. 1960. Sonderheft: Historische Forschungen in der DDR. Analysen und Berichte. S. 201–211.

Rainer Rosenberg: Zur Forschungsproblematik der deutschen Literatur des Vormärz. In: Aktuelle Probleme der vergleichenden Literaturforschung. Hrsg. von Gerhard Ziegengeist. Berlin 1968, S. 240–249. (Zuerst in: WB 13 (1967), S. 148–163)

Heinz Stanescu: Zur näheren Bestimmung des Begriffs ›Vormärz‹. In: WB 15 (1969), S. 1282–1290.

Stein: ›Vormärz‹, S. 411–426.

Pepperle: S. 181–186.

Günther Heintz: Neue Arbeiten zur Literatur zwischen 1815 und 1848. In: Literatur in Wissenschaft und Unterricht 5 (1972), S. 154–170.

Valentin Merkelbach: Politische Lyrik des Vormärz (1840–1848) – Interpretationsmuster. Texte zur Geschichte der Demokratie in Deutschland. Begleitheft mit Skizze einer Unterrichtseinheit und Kommentar. Frankfurt 1973, S. 9–55.

3.1.3. Textsammlungen

1. Misere der Textsammlungen – 2. Allgemeine Textsammlungen – 3. Gattungsspezifische Textsammlungen

1. Bis zur Mitte der 60er Jahre blieb in der BRD die Aufarbeitung der Literatur der Vormärzzeit in Textsammlungen sehr mangelhaft, nicht zuletzt deswegen, weil die Edition bzw. Re-Edition wichtiger Vormärzautoren versäumt worden war. In der DDR war die Situation aus den in Kap. 2.2.1. Abs. 6 genannten Gründen besser. Sieht man von diesen, früher noch schwer greifbaren DDR-Textsammlungen ab, wurde das Bild der Vormärzliteratur geprägt von politisch und ästhetisch fragwürdig eingeschränkten Sammlungen wie z. B. den aus den 30er Jahren stammenden Bänden der »Deutschen Literatur in Entwicklungsreihen« (DL, hier besonders die Reihe Politische Dichtung, Bd. 3–5) sowie den den Traditionen der Nachklassik und -romantik bzw. dem Biedermeier verpflichteten Anthologien der Nachkriegszeit wie z. B. »Zeichen der Zeit. Ein deutsches Lesebuch in vier Bänden« (Hrsg. von Walther Killy, Frankfurt 1959,

bes. Bd. 3) oder den Bänden der von Martini und Müller-Seidel herausgegebenen 22bändigen Sammlung »Klassische deutsche Dichtung« (1962 ff.).

Der seit 1966 zu konstatierende Aufschwung in der spezifischen Erforschung des Vormärz und der Traditionen der demokratisch-revolutionären politischen Literatur des deutschen Bürgertums und des Proletariats zeitigte eine Welle von neuen Textsammlungen. Da hier eindeutig auch eine Marktlücke vorhanden war, wurden von den verschiedenen Verlagen nicht selten sich überschneidende bzw. sich lediglich in Akzentuierung und Spezialisierung unterscheidende Unternehmungen gestartet. Der seitdem in der BRD vorherrschende eingeschränkte Vormärzbegriff (reduziert auf die politisch-progressive, abgesetzt gegen die biedermeierlich-konservative Linie) bringt es jedoch mit sich, daß nun wieder einseitig orientierte Anthologien unter dem Epochenbegriff Vormärz firmieren und Sammlungen, die einen umfassenden Querschnitt durch die Epoche geben, noch ausstehen.

Der in der Reihe »Die deutsche Literatur. Texte und Zeugnisse« (Hrsg. von W. Killy) erschienene, von B. v. Wiese herausgegebene Band »19. Jahrhundert. Texte und Zeugnisse« (München 1965) kann mit seinem lediglich geringfügig erweiterten Literaturbegriff sowie mit seiner Einebnung der Epochenunterschiede und seiner Fixierung auf thematische Gesichtspunkte die Erwartungen nicht befriedigen.

2. Im Bereich der *allgemeinen Textsammlungen* gehen sowohl die Leseproben von G. Eckert (1948) als auch die »Erläuterungen zur deutschen Literatur. Vormärz 1830–1848« vom zeitlich eingeschränkten Vormärzbegriff aus, letztere fassen ihn aber für diese Periode inhaltlich weit, d. h. schließen Autoren wie Immermann, Droste-Hülshoff, Platen, Grabbe, Lenau und Nestroy mit ein. Freilich, die im zweiten Teil versammelten Texte sind lediglich Leseproben, hauptsächlich nach den Richtlinien des Lehrplans für Oberschulen in der DDR ausgewählt.

Die drei wichtigsten BRD-Textsammlungen zum Vormärz (wiederum eingeschränkt auf die politisch-progressive Literatur) sind Hermands »Das Junge Deutschland« (1966) und »Der deutsche Vormärz« (1967) sowie der von einem Münchener Autorenkollektiv herausgegebene Band »Der Literarische Vormärz 1830 bis 1847« (1973). Hermand bietet wesentlich mehr Autoren, er betont vor allem den liberalen Aspekt; der Münchener Band stellt außer den bei Hermand dargebotenen Autoren nur vier neue Schriftsteller vor, betont jedoch in der Textauswahl mehr den radikal-demokratischen

Aspekt. Mißlich im letztgenannten Band ist das fehlende Inhaltsverzeichnis für die ausgewählten Texte, auf diese Weise ist ein Überblick über deren Gruppierung nur durch mühsames Nachblättern zu erhalten. Berücksichtigt man die oben erwähnte Misere der Textsituation für den Vormärz, so kann man sagen, daß diese drei Sammlungen als Anfang einer Wende in der Dokumentation dieser Epoche gelten können, da auch sie – wie Pepperle zu Sonnemann bemerkt – »die ursprüngliche Einheit der ›offizellen‹ und ›apokryphen‹ Dichter in ihrem bewußtseinsrevolutionierenden Anspruch« (S. 184) herauszuarbeiten versuchen.

Literatur:
Georg Eckert (Hrsg.): Das junge Deutschland und die Revolutionsdichtung des Vormärz. Braunschweig 1948.
Erläuterungen: S. 329–457.
Hermand (Hrsg.): Das Junge Deutschland.
Hermand: Vormärz.
Vormärz 1973: S. 37–158.

3. Im Bereich der *gattungsspezifischen Textsammlungen* sind vor allem für das Gebiet der (politischen) Lyrik mehrere Anthologien zu nennen.

Bereits aus dem Vormärz selbst stammen: *Hermann Marggraff* (Hrsg.): Politische Gedichte aus Deutschlands Neuzeit. Von Klopstock bis auf die Gegenwart. Leipzig 1843; *Hermann Rollet* (Hrsg.): Republikanisches Liederbuch. Leipzig 1848. Neuausgabe und Nachwort von Paul Tausig. Wien und Leipzig 1919.

Als ideologische Dokumente ihrer Zeit sind die folgenden Sammlungen zu betrachten: *Julius Bab:* Die deutsche Revolutionslyrik. Eine geschichtliche Auswahl (Wien/Leipzig 1919); *Benno von Wiese:* Politische Lyrik (Berlin 1933) sowie die in der Wissenschaftlichen Buchgesellschaft Darmstadt wiederaufgelegte »Reihe Politische Dichtung«, Bd. 3 bis 5, 1930–1936, aus der Sammelreihe DL (1928 ff.).

Nach 1945 ging zunächst die DDR-Literaturwissenschaft voran, indem sie vor allem bis dahin unbeachtete Vormärzautoren und neue Bereiche erschloß.

Bruno Kaisers »Die Achtundvierziger«, 1952 zuerst und 1972 bereits in der 10. Auflage erschienen, versammelt neben den wichtigsten liberalen, demokratischen und sozialistischen Lyrikern der 40er Jahre viele Volkslieder, Flugblattgedichte und Arbeiterlieder.

Schwer zugängliche, sogen. »Arbeitervolkslieder« stellte *Wolfgang Steinitz* mit Lesarten und Melodien in seinem umfangreichen Werk »Deutsche Volkslieder demokratischen Charakters aus sechs Jahrhunderten« (Bd. II, 1962) zusammen. Ebenfalls neue Quellen erschloß *Heinz Stanescu* mit »Das Lied der Unterdrückten« (Bukarest 1963).

In der BRD erschienen in den letzten Jahren zwei umfangreichere Sammlungen zur politischen Lyrik: »Deutschland Deutschland« (1969) und *Grab/Friesels* »Noch ist Deutschland nicht verloren« (1970).

Beide gehen sie weniger von literarhistorischen, sondern vor allem von historisch-politischen Motiven aus. Während Lamprecht den nationalen Gedanken (das Deutschland-Bild) in seinen Wandlungen belegt, wenden sich Grab/Friesel in ihrer kommentierten Anthologie mehr dem Gedanken der Freiheit zu, wobei sie naturgemäß eine größere Zahl »unterdrückter« Texte zu berücksichtigen haben.

Im Bereich des *Dramas* lassen sich Textsammlungen wegen des Umfangs schwerer bewerkstelligen. Hinzuweisen ist auf drei Dokumentationen: »Das Wiener Volkstheater in seinen schönsten Stücken« (1960) mit Werken von Bäuerle, Gleich, Meisl, Raimund und Nestroy; »Deutsche Revolutionsdramen« (1969) mit Werken von Büchner, Glassbrenner und einem anonymen Stück von 1816; »Der deutsche Michel. Revolutionskomödien der Achtundvierziger« (1971) mit Werken von Bauernfeld, Prutz, Seemann/Dulk, Feldmann, Hopf, Keck und Solger.

Zum Nachweis weiterer Textsammlungen für speziellere literarische Bereiche, zur Presse sowie zum historisch-politischen und kulturhistorischen Bereich schlage man nach in der »Internationalen Bibliographie zur Geschichte der deutschen Literatur« (München, Berlin 1971, Bd. II, 1, S. 389–391).

Literatur:

Lyrik:

Bruno Kaiser (Hrsg.): Die Achtundvierziger. Ein Lesebuch für unsere Zeit. Berlin und Weimar 1952, [10]1972.

Wolfgang Steinitz (Hrsg.): Deutsche Volkslieder demokratischen Charakters aus sechs Jahrhunderten. Bd. II, Berlin (DDR) 1962, S. 1–269.

Heinz Stanescu (Hrsg.): Das Lied der Unterdrückten. Bukarest 1963.

Helmut Lamprecht (Hrsg.): Deutschland Deutschland. Politische Gedichte vom Vormärz bis zur Gegenwart. Bremen 1969, S. 3–86.

Walter Grab/Uwe Friesel (Hrsg.): Noch ist Deutschland nicht verloren. Eine historisch-politische Analyse unterdrückter Lyrik von der Französischen Revolution bis zur Reichsgründung. München 1970, S. 63–288. – Jetzt: dtv-Band Nr. 875.

Drama:

Gerhard Helbig (Hrsg.): Das Wiener Volkstheater in seinen schönsten Stücken. Bremen 1960 (Lizenzausgabe, Sammlung Dieterich, Leipzig 1960).

Reinhold Grimm/Jost Hermand (Hrsg.): Deutsche Revolutionsdramen. Frankfurt 1969.

Horst Denkler (Hrsg.): Der deutsche Michel. Revolutionskomödien der Achtundvierziger. Stuttgart 1971. RUB 9300–05.

Prosa:

Ulrich Sonnemann (Hrsg.): Der kritische Wachtraum. Deutsche Revolutionsliteratur von den Jakobinern zu den Achtundvierzigern. München 1971, S. 166–274.

Alfred Estermann (Hrsg.): Politische Avantgarde 1830–1840. Eine Dokumentation zum ›Jungen Deutschland‹, 2 Bde. Frankfurt 1972. (Eine exakte Dokumentation der konservativen Reaktion auf das Junge Deutschland, entlegene Texte, ausführlicher Kommentar!)
Rolf Weber (Hrsg.): Revolutionsbriefe 1848/49. Leipzig/Frankfurt 1973.

Presse:
R. Streit-Scherz/H. Klüter (Hrsg.): Facsimile, Querschnitte durch alte Zeitungen und Zeitschriften. Bern, Stuttgart, Wien 1963.

Geschichtliche Dokumente:
Karl Obermann(Hrsg.): Einheit und Freiheit. Die deutsche Geschichte von 1815 bis 1849 in zeitgenössischen Dokumenten. Berlin (DDR) 1950.
Werner Pöls (Hrsg.): Historisches Lesebuch 1 (1815–1871). Frankfurt 1966.
Hans Magnus Enzensberger/Rainer Nitschke/Klaus Roehler/Winfried Schafhausen (Hrsg.): Klassenbuch 1. Ein Lesebuch zu den Klassenkämpfen in Deutschland 1756–1850. Darmstadt und Neuwied 1972, S. 100–231.
Karl Obermann (Hrsg.): Flugblätter der Revolution. Eine Flugblattsammlung zur Geschichte der Revolution von 1848/49 in Deutschland. Berlin (DDR) 1970. – Auch: dtv-Band Nr. 4111 (gekürzt).
Werner Pöls (Hrsg.): Deutsche Sozialgeschichte. Dokumente und Skizzen. Bd. 1, 1815–1870, München 1973.

3.2. Allgemeine Epochendarstellungen

3.2.1. Ökonomische und historische Epochendarstellungen

1. Wirtschaftsgeschichtliche Darstellungen – 2. Historische Darstellungen – 3. Kulturgeschichtliche Darstellungen

Für den Literarhistoriker ist es unabdingbar, gründliche Kenntnis über den sozio-ökonomischen Prozeß zu besitzen. Es geht nicht an, sich diese Kenntnisse bei Historikern zu holen, zumal dann nicht, wenn diese ihren Gegenstand als Bewegung von Ideen bzw. als Geschichte großer Männer begriffen. Wenn im vorliegenden Zusammenhang die Hinweise auf die Standardwerke und Einführungen beschränkt bleiben – dort finden sich dann weitere bibliographische Angaben – so muß doch festgestellt werden, daß in den bisherigen Forschungsberichten selbst solche Hinweise fehlen.

1. Zur Einführung in die *Wirtschaftsgeschichte* allgemein eignet sich H. Kellenbenz' Realienbuch, zur speziellen Einführung in die Epoche des Vormärz und deren Zusammenhang mit der Gegenwart sind H. Böhmes »Prolegomena zu einer Sozial- und Wirtschaftsgeschichte Deutschlands im 19. und 20. Jahrhundert« (1968) zu empfehlen. Böhme skizziert übersichtlich »den technischen Wandel und

die gesellschaftlichen Veränderungen« seit 1800 und bemüht sich dabei »den Blick immer wieder auf die Verflechtung von Politik, Wirtschaft und Gesellschaft zu richten, denn ohne Kenntnis dieser Interdependenz lassen sich die Grundlinien sowohl der technisch-wirtschaftlichen als auch der gesellschaftlich-staatlichen Revolution nicht bestimmen« (S. 7).

Die breitere Darstellung der »Wirtschafts- und Sozialgeschichte Deutschlands im 19. Jahrhundert« von W. Treue (1960) ist in ihrem positivistischen wissenschaftstheoretischen Ansatz fragwürdig. Mehrfach bearbeitet wurde der von F. Lütge 1952 zuerst veröffentlichte Überblick über die »Deutsche Sozial- und Wirtschaftsgeschichte«. Lütges Grundauffassung ist, daß der soziale und der wirtschaftliche Bereich »nicht in einem so oder so zu erfassenden Kausalverhältnis [stehen], sondern grundsätzlich in funktionalen Wechselseitigkeitsbeziehungen, die einer einseitigen dogmatischen Formulierung in Gestalt einer ›idealistischen‹ oder ›materialistischen‹ Geschichtsauffassung widerstreben« (Vorwort 1952, S. VII). Offensichtlich hält Lütge bereits den Begriff »Kapitalismus« für eine einseitige dogmatische Formulierung, denn er lehnt seine Verwendung ausdrücklich ab (vgl. S. 404 ff.).

Weiterhin ist hinzuweisen auf den demnächst erscheinenden zweiten Band des »Handbuchs der deutschen Wirtschafts- und Sozialgeschichte« (hrsg. von W. Zorn) sowie auf die in der »Neuen Wissenschaftlichen Bibliothek« erscheinenden und erschienenen Sammelbände zu wirtschafts- und sozialgeschichtlichen Spezialthemen des 19. Jahrhunderts (vgl. dazu den Bibliographischen Anhang unter den Herausgebern Wehler, Fischer, Braun, Born).

Vom marxistischen Standpunkt geschrieben und unbedingt gegen Lütge zu lesen ist H. Motteks Grundriß »Wirtschaftsgeschichte Deutschlands« (1964). Mottek arbeitet für die Entwicklung nach 1789 zwei Grundprozesse heraus: die Bürgerliche und die Industrielle Revolution mit ihren Besonderheiten in Deutschland. Er kann sich dabei auf wirtschaftswissenschaftliche Forschungen in der DDR stützen, an deren Spitze die Arbeiten von Jürgen Kuczynski stehen, vor allem die »Geschichte der Lage der Arbeiter unter dem Kapitalismus« (Bd. 1 ff., Berlin, DDR, 1961 ff.).

Literatur:
Hermann Kellenbenz: Grundlagen des Studiums der Wirtschaftsgeschichte. Eine Einführung. Unter Benutzung des Werkes von Ludwig Beutin. Köln, Wien 1973.
Helmut Böhme: Prolegomena zu einer Sozial- und Wirtschaftsgeschichte Deutschlands im 19. und 20. Jahrhundert. Frankfurt 1968.
Wilhelm Treue: Wirtschafts- und Sozialgeschichte Deutschlands im 19. Jahrhundert. In: Bruno Gebhardt (Hrsg.): Handbuch der Deutschen Geschichte. Bd. 3. Stuttgart ⁸1960, S. 315–413.

Friedrich Lütge: Deutsche Sozial- und Wirtschaftsgeschichte. Ein Überblick. Berlin, Heidelberg, New York 1952, ³1966, S. 404–502.
Wolfgang Zorn (Hrsg.): Handbuch der deutschen Wirtschafts- und Sozialgeschichte. Bd. 2, Stuttgart [1974/75].
Hans Mottek: Wirtschaftsgeschichte Deutschlands. Ein Grundriß. Bd. II, Berlin (DDR) 1964, ²1969.

2. Für den Bereich der *historischen Darstellung* seien hier die älteren bürgerlichen Standardwerke nur kurz genannt. Eine Kritik an ihnen muß im Zusammenhang mit der allgemeinen Kritik an der bürgerlichen Historiographie geleistet werden – ein Prozeß, der in den letzten Jahren in Gang gekommen ist. Heute liegen dazu bereits mehrere Veröffentlichungen vor (zu erwähnen sind: Kritik der bürgerlichen Geschichtsschreibung. Handbuch. Hrsg. von Werner Berthold u. a., Köln 1970, ²1972 (DDR-Veröffentlichung); Kritik der bürgerlichen Geschichtswissenschaft. 2 Bde. In: Das Argument 70/75 (1972); Ansichten einer künftigen Geschichtswissenschaft. 2 Bde. Hrsg. von Imanuel Geiss und Rainer Tamchina, München 1974.)

Unter den bürgerlichen Standardwerken zur Geschichte des 19. Jahrhunderts fallen auf: *Franz Schnabel:* Deutsche Geschichte im 19. Jahrhundert, 4 Bde., Freiburg 1929 ff., Neuauflagen 1948 ff., 1964 ff. (reicht gerade bis 1848 und betont die bewegende Macht der Ideen); *Golo Mann:* Deutsche Geschichte des 19. und 20. Jahrhunderts, Frankfurt 1958 (stellt die großen Männer heraus). Weitere Darstellungen finden sich in den Handbüchern zur deutschen Geschichte: *Handbuch der deutschen Geschichte.* Bd. 3, neu hrsg. von Leo Just (Konstanz 1956); *Hans Herzfeld:* Die Moderne Welt 1789–1945, I. Teil (Braunschweig 1961); *Deutsche Geschichte im Überblick.* Ein Handbuch, hrsg. von Peter Rassow und Theodor Schieffer (Stuttgart ³1973, S. 395–432).

Den internationalen Zusammenhang betont der Band 26 der Fischer-Weltgeschichte: »Das Zeitalter der europäischen Revolution 1780–1848« (1969). Hinzuweisen ist ebenfalls auf die Arbeiten des englischen Sozialhistorikers E. J. Hobsbawm.

Aus der DDR sind zwei historische Darstellungen zu nennen: *Karl Obermann:* »Deutschland von 1815 bis 1849« (gehört in die Reihe »Lehrbuch der Deutschen Geschichte, Beiträge«) und *Joachim Streisand:* »Deutsche Geschichte von den Anfängen bis zur Gegenwart«; beide Darstellungen sind für den Vormärz gut benutzbar.

Literatur:
Eric J. Hobsbawm: Europäische Revolutionen 1789–1848. Zürich 1962.
Das Zeitalter der europäischen Revolution 1780–1848. Hrsg. und verfaßt von Louis Bergeron, François Furet und Reinhart Koselleck. Frankfurt 1969.
Karl Obermann: Deutschland von 1815 bis 1849. Berlin (DDR) 1961.

Joachim Streisand: Deutsche Geschichte von den Anfängen bis zur Gegenwart. Eine marxistische Einführung. Köln 1972, S. 160–197. (Berlin, DDR, 1968)

3. Abschließend noch einige Bemerkungen zu *kulturhistorischen Darstellungen.* Es liegt auf der Hand, daß gerade in diesem Bereich das alte unpolitische Biedermeier-Bild weiter gepflegt wird. Da beschwört man mit alten und neuen pittoresken Materialien die gute alte Zeit, ein »Glückliches Biedermeier« (so der Titel des Buches von *Georg Betz,* Braunschweig 1964) oder legt, gekürzt gerade um die Dokumente der bürgerlich-oppositionellen politischen Bewegung, alte Sammlungen und Darstellungen wieder neu auf: *Georg Hermann:* Das Biedermeier im Spiegel seiner Zeit (1913). Hrsg. von Hans Jürgen Hansen (Oldenburg 1965). Nicht ganz so einseitig, aber »nostalgisch« genug sind: *Eugen Kalkschmidt:* Biedermeiers Glück und Ende. Mit einem Nachwort von K. Baur-Callwey. (München 1957) und *Günther Böhmer:* Die Welt des Biedermeier (München 1968).

Eine materialistische kulturhistorische Darstellung der Vormärzzeit gibt es nicht. So bleiben zur Information über diesen Aspekt nur Werke, die – über die Biedermeier-Beschränkung hinausgehend – eine gesellschaftlich breiter fundierte Darstellung des kulturellen Lebens dieser Zeit zu geben versuchen. Sie sind im folgenden Literaturverzeichnis genannt.

Literatur:
Drei ältere, bürgerlich-liberale Darstellungen:

Ernst Heilborn: Zwischen zwei Revolutionen. Der Geist der Schinkelzeit (1789–1848). Berlin 1927.
Eilhard Erich Pauls: Der politische Biedermeier. Lübeck 1925.
Ders.: Der Beginn der bürgerlichen Zeit. Biedermeier-Schicksale. Lübeck ⁴1928.   •
Karl Buchheim: Deutsche Kultur zwischen 1930 und 1870. Frankfurt 1966.

3.2.2. Epochendarstellungen in Literaturgeschichten

1. Inflation der Literaturgeschichten – 2. Materialistische Literaturgeschichten – 3. Neuere Epochendarstellungen in der BRD

1. Nach Arnold (Allgem. Bücherkunde, Berlin ⁴1966) erschienen in der Zeit zwischen 1850 und 1945 rund sechzig wissenschaftliche deutsche Literaturgeschichten. Seit 1945 sind wiederum ca. dreißig neue Literaturgeschichten allein in der BRD zu registrieren, d. h.

durchschnittlich jedes Jahr eine. Diese Inflation der Literaturgeschichten ist – so paradox das klingen mag – auch ein Ausdruck der
Krise der Literaturgeschichtsschreibung. Schon 1931 erkannte Benjamin: »Mit der Krise der Bildung wächst der leere Repräsentations-
charakter der Literaturgeschichte, der in vielen populären Darstellungen am handgreiflichsten zutage tritt. Es ist immer derselbe
verwischte Text, der bald in der, bald in jener Anordnung auftritt.
Seine Leistung hat mit wissenschaftlicher schon lange nichts mehr
zu schaffen, seine Funktion erschöpft sich darin, gewissen Schichten
die Illusion der Teilnahme an den Kulturgütern der schönen Literatur zu geben« (Lit.gesch., S. 454); oder – wie H. R. Jauß es sarka-
stisch ausdrückt – dem Bildungsbürgertum als Nachschlagewerk
für literarische Quizfragen zu dienen (S. 144).

Sieht man einmal davon ab, daß das Herstellen von Literaturgeschichten – vor allem seit 1945, vor allem in der BRD – immer auch
ein nicht schlechtes verlegerisches Geschäft war (über 10 Auflagen
bei Fricke/Klotz, Martini, Grabert/Mulot, Ried, Brenner u. a.), vor
allem, solange Lehrplan- und Prüfungsordnungen in Schule und
Hochschule den Absatz garantierten – sieht man ebenfalls davon ab,
daß das Verfassen von Literaturgeschichten nicht selten gerade jenen
Germanisten zufiel, die sich im Nationalsozialismus diskreditiert
und (anfänglich) Schwierigkeiten bei der Wiedereinstellung hatten,
sieht man von all dem einmal ab und wendet man sich dem Text zu,
so bleibt Benjamins Urteil immer noch unwiderlegt.

Jost Hermand hat sich 1970 in »Allgemeine Epochenprobleme«, wie beschrieben, die Mühe gemacht, die Benjaminsche Behauptung genau zu belegen, indem er jede nur erreichbare Literaturgeschichte seit 1945 auf Periodisierung und inhaltliche Konzeption der Vormärzzeit (er spricht von
»Restaurationszeit«) analysierte. Diese notwendige, aber wenig ergebnis-
reiche Arbeit muß hier nicht wiederholt werden, denn aus Hermands Untersuchung ergibt sich: wer sich über die Epoche des Vormärz in Literatur-
schichten informieren will, findet – von ganz wenigen Ausnahmen abgesehen
– nichts Nützliches. Über diese Ausnahmen, die nur zum Teil bei Hermand
erwähnt sind, soll im folgenden kurz berichtet werden.

2. Unter den älteren Literaturgeschichten sollte neben *Franz
Mehrings* gesammelten Beiträgen vor allem *Alfred Kleinbergs* »Die
deutsche Dichtung in ihren sozialen, zeit- und geistesgeschichtlichen Bedingungen« (1927) genannt werden. Obwohl *Benjamin* an
dieser Darstellung sehr harte Kritik übte (»ein Werk, das sklavisch
alle Schablonen eines Leixner oder Koenig auspinselt, um sie dann
allenfalls mit einigen freidenkerischen Ornamenten einzurahmen«,
Lit.gesch., S. 454), muß doch hervorgehoben werden, daß sie eine
der ersten vom (sozialdemokratisch-)materialistischen Standpunkt

geschriebene deutsche Literaturgeschichte ist. Kleinberg stellt die erste Hälfte des 19. Jahrhunderts richtig als »Auflösung der feudalen und merkantilistischen Ordnung« (S. X) bzw. als Zeit der »sich ununterbrochen vollziehenden Auseinandersetzung zwischen den alten feudal-absolutistischen und den neuen kapitalistisch-technischen Kräften« (S. 268) dar. Literarhistorisch gliedert er die Zeit von 1815 bis 1848 jedoch in »Spätromantik« (bis 1830) und »Frührealismus und politische Dichtung« (bis 1848); den Begriff »Vormärz« verwendet er im historischen Sinne (ab 1815).

Als ersten Versuch einer marxistisch fundierten Gesamtdarstellung der nationalliterarischen Entwicklung der deutschen Literatur, zugleich aber auch lediglich »als Baustein zu einer prinzipiell weiter ausgreifenden und tiefer dringenden nationalen Literaturgeschichte« versteht sich die von *Hans Jürgen Geerdts* herausgegebene »Deutsche Literaturgeschichte in einem Band« (1965). Auffällig ist das den Vormärz betreffende Gliederungsprinzip, das sich von den späteren DDR-Periodisierungskonzepten stark unterscheidet: der Vormärz (gegliedert in die »Periode der politischen Reaktion« bis 1830 und die »Periode der Vorbereitung der bürgerlich-demokratischen Revolution in Deutschland« bis 1848) stellt danach die Schlußphase in dem großen Abschnitt »Die deutsche Nationalliteratur in der Epoche ihrer klassischen Ausprägung (1700–1848)« (!) dar, d. h. der Vormärz wird unter dem Aspekt der *bürgerlichen* Literaturentwicklung betrachtet. Hier bringt die neue DDR-*Literaturgeschichte*, die unter dem Aspekt der *sozialistischen* Literaturentwicklung den in Frage kommenden Zeitraum periodisiert (vgl. dazu oben Kap. 2.2.2., Abs. 3), sicher eine entscheidende Veränderung.

Während die Literaturgeschichte von Geerdts »Vormärz« als Epochenbegriff ausdrücklich nicht verwendet, sondern nur diffus als Bezeichnung für die vierziger Jahre, wird in dem von *Hans-Georg Werner* herausgegebenen *Reclam*-Band »Deutsche Literatur im Überblick« (1965), der zweiten bisher vorliegenden DDR-Literaturgeschichte, der Begriff »Vormärz« als Epochenbezeichnung (ab 1815) benutzt.

In einem Zusammenhang müssen die seit 1964 veröffentlichten *Skizzen, Konzeptionen, Feinkonzeptionen* und *Vorabdrucke* zur demnächst erscheinenden DDR-»Geschichte der deutschen Literatur« gesehen werden. Es hat, was u. a. auch den Vormärz betrifft, Konzeptionsveränderungen gegeben, die bereits oben auf S. 41 ff. im einzelnen erörtert wurden. In Rosenbergs Beitrag (1972) zeichnete sich zwar das Konzept ab, doch bleibt die endgültige Gestalt in der neuen Literaturgeschichte abzuwarten.

3. Der entscheidende Unterschied zwischen den Literaturgeschichten der DDR und der BRD besteht nicht nur in den weltanschaulichen Positionen sowie – daraus abgeleitet – den Methoden,
sondern ganz wesentlich in der Art und Weise der Erstellung einer
Literaturgeschichte. Alle DDR-Literaturgeschichten sind Kollektivunternehmen, was nicht nur Arbeitsteilung und Spezialisierung
ermöglicht (somit auch größere Kompetenz), sondern auch isolierte
Arbeit verhindert: das Ganze der literarischen Entwicklung bleibt
im Blick, vor allem der Bezug zur Gegenwart.

In der BRD überwiegen dagegen – aus den genannten Gründen
– die Ein-Mann-Unternehmen bzw. als Variante dazu die »Herausgeber-Synthesen«, nur lose miteinander verbundene, einzelne Epochendarstellungen wie z. B. die »Epochen der deutschen Literatur«
(1912 ff. hrsg. von Julius Zeitler), die von Heinz Otto Burger herausgegebenen »Annalen der deutschen Literatur« (1952) oder die
von Horst Rüdiger herausgegebene »Geschichte der deutschen
Literatur« (1966 ff.). Von den Ein- oder Zwei-Mann-Unternehmen
der BRD bzw. ausländischer Germanisten ist für den Vormärz so
gut wie nichts zu holen. Bei den »Herausgeber-Synthesen« finden
sich verschiedene Modelle (z. B. Reihe, wissenschaftliche Chresto-
mathie). Das traditionellste und am häufigsten zu findende: die ver-
selbständigte Epochenmonographie wie z. B. *Friedrich Sengle*
»Biedermeierzeit« (1971 ff.), die zusammen mit Martinis »Deutsche
Literatur im bürgerlichen Realismus 1848–1898« (Stuttgart 1962) in
das alte Zeitlersche Kollektivunternehmen »Epochen der deutschen
Literatur« gehört und den Ersatz für *Hugo Biebers* »Der Kampf um
die Tradition. Die deutsche Dichtung im europäischen Geistesleben
1830–1880« (Stuttgart 1928) darstellt. Da ein konzeptioneller
Zusammenhang zwischen Sengle und Martini nicht besteht, wird
Sengles Hauptwerk als Epochenmonographie aufgefaßt und im folgenden Kapitel behandelt.

Literatur:
Überblick über deutschsprachige Geschichten der deutschen Literatur
    1945–1969 (speziell zum Vormärz):
Hermand: Epochenprobleme, S. 3–14.

Einzelne hervorzuhebende Literaturgeschichten:
Alfred Kleinberg: Die deutsche Dichtung in ihren sozialen, zeit- und geistes-
    geschichtlichen Bedingungen. Eine Skizze. Berlin 1927.
Hans Jürgen Geerdts (Hrsg.): Deutsche Literaturgeschichte in einem Band.
    Berlin (DDR) 1965, ³1971.
Hans-Georg Werner (Hrsg.): Deutsche Literatur im Überblick. Leipzig
    1965.

Vorarbeiten und -abdrucke der DDR-»Geschichte der deutschen Literatur«
(speziell zum Vormärz):

Skizze zur Geschichte der deutschen Nationalliteratur von den Anfängen
der deutschen Arbeiterbewegung bis zur Gegenwart. In: WB 10 (1964),
S. 644–812.

Feinkonzeption. Literaturgeschichte Band 9. Von Kurt Böttcher, Rainer
Rosenberg, P. G. Krohn, D. Sommer, P. Wruck. In: WB 15 (1969), H. 2,
S. 275–315.

Historisch-inhaltliche Konzeption der Geschichte der deutschen Literatur
von der Aufklärung bis zur Gegenwart. In: WB 17 (1971), H. 2, S. 54–86.

Rainer Rosenberg: Deutsche Literatur zwischen 1830–1871. In: WB 18
(1972), H. 1, S. 121–145. (= gekürzter Vorabdruck der Einleitung zur
Periode 1830–1871 des Bandes 8 der ›Geschichte der deutschen Literatur‹)

3.2.3. Epochendarstellungen in Monographien

1.Ältere bürgerliche Darstellungen – 2. Monographien zu Biedermeier/
Junges Deutschland in der BRD – 3. Monographien mit dualistischem Epochenkonzept in der BRD – 4. Materialistische Epochenkonzepte

1. Unter den älteren Arbeiten sind die folgenden Monographien
noch heute durchaus lesenswert und z. T. wegen ihrer Material-
Details gut brauchbar, ganz abgesehen davon, daß sie zugleich sel-
tene Dokumente einer nonkomformistischen Germanistik sind. Der
radikal-liberale Däne *Georg Brandes* geht in seinem Werk »Das
junge Deutschland« (1891) von einem sehr weiten Begriff aus und
umfaßt mit ihm nicht nur die politischen Dichter der vierziger Jahre,
sondern auch die Jahre vor 1830, wobei er den Schwerpunkt auf die
Darstellung »der oppositionellen, schließlich revolutionären
Gefühle und Gedanken in Deutschland von 1815–1848« (S. 406)
legt. In dieser Hinsicht korrespondiert seine Darstellung mit den
neueren Forschungstendenzen in der DDR und in der BRD, allerdings beschränkt Brandes sich auf die großen bürgerlichen Autoren.
Hervorzuheben ist, daß Brandes das Jahr 1848 »als einen historischen Wendepunkt und damit einen vorläufigen Abschluß« (S. 411)
herausarbeitet, zugleich aber auch betont: »Noch heutigen Tages ist
Jugend aus seinen Märztagen [d. i. des Jahres 1848] zu schöpfen, und
Erfahrung aus seinen Novembertagen zu holen« (S. 406). Eine derartige, Vergangenheit und Gegenwart korrelierende Einschätzung
war sonst in der wilhelminischen Germanistik nicht zu lesen. Bei
Johannes Proelß (1892) ist zwar die nationalliberale Haltung in
Rechnung zu stellen, seine Ehrenrettung des »jungen Deutschland«,
das für ihn »die deutsche Kampfliteratur des dritten und vierten
Jahrzehnts« (S. 6) im 19. Jahrhundert bedeutet (also: 1820–1840!),

gründet sich auf eine die übliche idealistische Literaturbetrachtung übersteigende Methode.

Proelß will darstellen, welchen Anteil diese Literatur an den Umwälzungen des politischen und sozialen Lebens hatte und wie sich in ihr jene Zeit spiegelt, »die im Widerstreit mit einer gewaltsamen Unterdrückung alles öffentlichen Lebens, mit einer Reaktion, die den herrschsüchtigsten gewaltsamsten Absolutismus im Bunde mit der weltflüchtig und mystisch gewordenen Romantik und dem die Welt in Abstraktionen auflösenden Hegelthum zeigte, trotz alledem die Anfänge einer realistischen Empfindung und Darstellung der politischen und sozialen Zustände, die Anfänge eines öffentlichen politischen Lebens, einer selbständigen Presse als Organ freimüthiger Zeitkritik, einer parlamentarischen Volksvertretung, einer realistischen Methode der Wissenschaft, die Anfänge der modernen Volksliteratur zu wissenschaftlicher Aufklärung der Menge, des Schnellpressendrucks, des Schnellpostverkehrs, der Dampfschiffahrt, der Eisenbahnen, der Verkehrsfreiheit und die Emanzipationsideen zu Gunsten des vierten Stands, der Frauen sowie unsrer jüdischen Mitbürger ins Leben treten sah« (S. 6 f.).

Hugo Bieber gibt in seiner Monographie mit dem treffenden Titel »Der Kampf um die Tradition« (1928) keine chronologische Epochendarstellung, sondern will die Konfrontation der Persönlichkeiten mit den »allgemeinen Grundformen der Geisteshaltung« (S. 9) nachzeichnen. Solche Grundformen sind für ihn: »Zeitgeist und Volksgeist«, »Individuum und Gesellschaft«, »Anschauung und Stimmung«, »Gedanke und Tat«, »Form und Wesen«. Gleichwohl gelingt es Bieber, diese abstrakten Formen mit geschichtlichem Inhalt zu füllen und auf diese Weise seinen geistesgeschichtlich-idealistischen Ansatz zu erweitern.

Aus der sozialliterarischen Schule Paul Merkers stammen die »Beiträge zur deutschen Literaturgeschichte des Vormärz (1840–1850)« (1938) von *Erich Kunze*, einem bereits damals schon in Finnland lehrenden Literaturwissenschaftler. Kunze arbeitet, in unmittelbarer Anlehnung an die zeitgenössischen Quellen, vor allem die soziale Dichtung im Umkreis des sogen. »Deutschen (bzw. Wahren) Sozialismus« heraus und weist auf Freiligrath, Püttmann, Dronke und vor allem auf Georg Weerth hin – ebenso wie *Walter Roer:* »Soziale Bewegung und politische Lyrik im Vormärz 1840–1848« (Münster 1933). Kunze polemisiert freilich gegen die Begründer des Wissenschaftlichen Sozialismus und stellt die Frage, inwieweit der ›Deutsche Sozialismus‹ »die keimhafte Form einer Entwicklung gewesen ist, deren volle Bedeutung erst heute [d. h. zu Zeiten des Nationalsozialismus] ermessen werden kann« (S. 21).

Literatur:

Georg Brandes: Das junge Deutschland. [1891]. In: Die Hauptströmungen
der Litteratur des neunzehnten Jahrhunderts. Bd. 6. Leipzig ⁵1897.
Johannes Proelß: Das junge Deutschland. Ein Buch deutscher Geistesgeschichte. Stuttgart 1892.
Samuel Lublinski: Litteratur und Gesellschaft im neunzehnten Jahrhundert.
4 Bde. Berlin 1900.
Hugo Bieber: Der Kampf um die Tradition. Die deutsche Dichtung im europäischen Geistesleben 1830–1880. Stuttgart 1928. (= Epochen der deutschen Literatur, V)
Erich Kunze: Beiträge zur deutschen Literaturgeschichte des Vormärz
(1840–1850). Breslau 1938.

2. Die seit 1945 erschienenen bürgerlichen Monographien zur
Epoche 1815/30–1848 lassen sich in drei Gruppen gliedern, von de-
nen für den vorliegenden Zusammenhang jedoch nur die letzte
Gruppe von Interesse ist, da die ihr zuzuordnenden Arbeiten ent-
weder ausdrücklich vom Vormärz-Begriff ausgehen oder aber den
Versuch machen, eine dualistische oder dialektische Einheit der
Epoche zu begründen.

Zu einer ersten Gruppe lassen sich jene Monographien zusammenfassen,
die auf den Epochenbegriff »Biedermeier« bzw. »Restaurationsliteratur«
zielen bzw. in ähnliche Richtung gehende Ersatzlösungen vorschlagen. Da
diese Arbeiten bei Hermand (Ep.probl., S. 21–26) ausführlich besprochen
werden, seien hier nur die noch am ehesten in Frage kommenden Titel kurz
erwähnt: *Martin Greiner:* Zwischen Biedermeier und Bourgeoisie. Ein
Kapitel deutscher Literaturgeschichte im Zeichen Heinrich Heines. (Leipzig
1954, trotz DDR-Herkunft des Verfassers geistesgeschichtlich bzw. perso-
nen-orientiert) *Friedrich Sengle:* Voraussetzungen und Erscheinungsformen
der deutschen Restaurationsliteratur (in: DVjs 30, 1956, S. 268–294); *Ders.:*
Stilistische Sorglosigkeit und gesellschaftliche Bewährung. Zur Literatur der
Biedermeierzeit (in: Formkräfte der deutschen Dichtung, Göttingen 1963,
S. 124–140); *Walter Höllerer:* Zwischen Klassik und Moderne. Lachen und
Weinen in der Dichtung einer Übergangszeit (Stuttgart 1958, ahistorisch,
Schwerpunkt auf form- und stilgeschichtlichen Aspekte, von denen aus H.
»Anfänge der Moderne« entdeckt); *Norbert Fuerst:* The Victorian Age of
German Literature (London 1966, umfaßt den Zeitraum 1820–1880 und
rechtfertigt den Epochenbegriff damit, daß für die dt. Lit. dieser Zeit nicht
der revolutionäre französische, sondern der künstlerische und moralische
Einfluß der anglo-amerikan. Literatur von maßgeblichem Einfluß war!).
Hinzuweisen ist auf den in der Reihe »Wege der Forschung« (Bd. 318) ange-
kündigten Band »Begriffsbestimmung des literarischen Biedermeier« von
Elfriede Neubuhr, der u. a. zwei Originalbeiträge von Weydt und Fülleborn
enthält.

Zu einer zweiten Gruppe lassen sich jene Monographien zusammenfassen,
die auf das Junge Deutschland zielen. Von den bei Hermand ausführlicher

besprochenen Arbeiten sind hier zu nennen: *Henry Walter Brann:* The Young German Movement creates a Political Literature (in: German Quarterly 24, 1951, S. 189–194); *Friedrich Kainz/Werner Kohlschmidt:* Junges Deutschland (in: RL, Bd. 1, Berlin ²1958, S. 781–798; unter dem Begriff »J. D.« wird im weiteren Sinne auch die Literatur der vierziger Jahre verstanden!); *Jost Hermand:* Das Junge Deutschland (Stuttgart 1966, vgl. dazu oben Kap. 2.2.1., Abs. 4); *Helmut Koopmann:* Das Junge Deutschland. Analyse seines Selbstverständnisses (Stuttgart 1970; eine Kritik von »rechts« am J. D., dessen Einheitlichkeit und Progressivität in Frage gestellt werden – eine Kritik, die bereits Engels, freilich mit ganz anderer Zielrichtung, formuliert hatte; K. entpolitisiert die Jungdeutschen und ordnet sie einer apolitisch gesehenen Tradition zu). Hinzuweisen ist auf den von *Alfred A. Anderau* angekündigten Literaturbericht zum Jungen Deutschland.

3. Monographien, die vom Epochenbegriff »Vormärz« in seiner umfassenden Bedeutung ausgehen, gibt es in der bürgerlichen Forschung nicht. Die im folgenden besprochenen Arbeiten gehen alle von einer mehr dualistischen als dialektischen Epocheneinheit aus, wobei die vormärzliche Richtung (nicht immer expressis verbis so genannt) nur als der eine, meist progressive Faktor erscheint.

Als ein frühes, bei Hermand nicht erwähntes Beispiel ist die Einleitung *Georg Eckerts* zu seinen Leseproben in »Das junge Deutschland und die Revolutionsdichtung des Vormärz« (1948) zu nennen. Eckert faßt unter »Vormärz« die Zeit von 1830 bis 1848 und deren politisch-progressive Literatur, wobei er allerdings weit über den traditionellen bürgerlich-liberalen Rahmen hinausgeht. Einleitung wie Textsammlung sollen »einen unmittelbaren Eindruck von der politischen Ideenwelt des deutschen Bürgertums der 30er bis 40er Jahre und von der geistigen Spannweite der im einzelnen so vielschichten liberalen und sozialen Oppositionsströmungen des Vormärz vermitteln« (S. 9). So gesehen ist das Buch von Eckert ein früher Vorläufer zu Hermands Textsammlungen von 1966/67.

Erst *Hermands* rund zwanzig Jahre später erscheinenden Sammelbände »Das Junge Deutschland« (1966) und »Der deutsche Vormärz« (1967), die in der Folge der DDR-Vormärz-Forschung und in Reaktion auf sie entstanden sind, vermochten der in der BRD darniederliegenden Vormärz-Forschung neue Impulse zu geben. (Zu dem von Hermand in diesen beiden Bänden entwickelten Vormärz-Konzept vgl. oben S. 37 ff.)

Weitgehend unberührt von Hermand und gänzlich unbeeindruckt durch die DDR-Vormärzforschung, statt dessen ganz darauf konzentriert, das in den Jahren der »Adenauerschen Restauration« selbst entwickelte Konzept der ›Restaurationszeit‹ bzw. ›Biedermeierzeit‹ immer umfassender zu entwickeln, ist *Friedrich Sengles*

Epochendarstellung »Biedermeierzeit« (1971 ff.). Die kritische Auseinandersetzung mit diesem zentralen Werk, dessen Epochenkonzeption der in diesem Band vorgeschlagenen Vormärz-Konzeption gegenübersteht, durchzieht die vorliegende Darstellung (vgl. vor allem oben Kap. 2.2.1., Abs. 2 und 3), so daß sich eine nochmalige Besprechung hier erübrigt.

Eda Sagarras Epochenmonographie »Tradition und Revolution« (1972), von manchem Kritiker wegen ihres sozialgeschichtlichen Ansatzes gelobt, ist gleichwohl kaum als Beitrag zur Vormärzforschung anzusehen.

Sagarra gliedert ihre den Zeitraum 1830 bis 1890 umfassende Darstellung in zwei Teile: »Die sozialen Verhältnisse« und »Literatur und Gesellschaft«. Der erste, knapp 100 Seiten lange Teil geht, gemessen an den üblichen Literaturgeschichten, durchaus weit über eine historisch-politische Einleitung hinaus und ist als eine kleine Kultur- und Sozialgeschichte des mittleren 19. Jahrhunderts anzusehen. Freilich, eine politisch-ökonomische Grundstrukturierung (Übergang vom Feudalismus zur bürgerlich-kapitalistischen Ordnung) sowie eine Konzeption von Literatur, die in diesem Prozeß spezifischer Ausdruck und Faktor zugleich ist, findet sich bei Sagarra nicht. Im literaturgeschichtlichen zweiten Teil kehren nicht wenige traditionelle Klischees wieder (Vorrang des Biedermeierlich-Restaurativen in der Epochenbestimmung; Epochenjahr 1830; Dualismus von Biedermeier und Junges Deutschland (!), Schwergewicht auf ›große‹ bürgerliche Autoren usw.). Dazu paßt, daß eine Auseinandersetzung mit der DDR-Vormärzforschung fehlt (und sich deswegen auch im Konzept bemerkbar macht) und im Literaturverzeichnis keine Angaben dazu erscheinen.

Literatur:
Georg Eckert: Das junge Deutschland und die Revolutionsdichtung des Vormärz. Braunschweig 1948, S. 1–9.
Hermand: Jg. Dt., S. 369–391.
Hermand: Vormärz, S. 357–394.
Sengle: I und II.
Sagarra
Vormärz 1973: S. 11–34.

4. Beiträge zur materialistischen Vormärzforschung sind rar. Wenn man so will, kann man an den Anfang *Friedrich Engels'* Abrechnung mit dem Jungen Deutschland in »Alexander Jung. Vorlesungen über die moderne Literatur der Deutschen« (1842) stellen. Engels strenges Urteil über die Jungdeutschen (»Das junge Deutschland rang sich aus der Unklarheit einer bewegten Zeit empor und blieb selbst noch mit dieser Unklarheit behaftet. Gedanken, die damals noch formlos und unentwickelt in den Köpfen goren, die

später erst durch Vermittlung der Philosophie zum Bewußtsein kamen, wurden vom jungen Deutschand zum Spiel der Phantasie benutzt.« MEW, Bd. 1, S. 439) bestimmte lange Zeit maßgeblich die marxistische Forschung und hat in gewisser Weise mit Anteil daran, daß es zunächst nicht gelang, ein dialektisches, das Junge Deutschland miteinbeziehendes Epochenkonzept zu entwickeln.

In den nach Engels zu nennenden literaturkritischen Beiträgen von *Franz Mehring* zum Vormärz ist diese Wirkung ganz deutlich zu erkennen. Mehring behauptet: »Man könnte sogar das Junge Deutschland aus der Geschichte der deutschen Literatur streichen, ohne ihren roten Faden zu verletzen: mit Ausnahme Gutzkows...« (S. 353). Folglich beschäftigt er sich kaum mit Börne, dafür um so mehr mit Heine, kaum mit dem Jungen Deutschland, dafür um so mehr mit den Junghegelianern und politischen Dichtern der 40er Jahre. Diese Akzentuierung muß jedoch auch im Zusammenhang mit der umgekehrten Gewichtung gesehen werden, die in der damaligen bürgerlichen Literaturgeschichtsschreibung herrschte, sofern diese sich überhaupt mit diesen Schriftstellern befaßte. Hervorzuheben ist an Mehrings Beiträgen: Mehring betont den gesellschaftlichen Zusammenhang der Literatur, ihren (bürgerlichen) Klassencharakter und ihre Funktion für den politischen Kampf des Bürgertums. Als einheitliche Epoche zeichnet sich für ihn die Zeit zwischen 1830 und 1848 ab, in der sich der Aufschwung der bürgerlich-oppositionellen bis proletarischen Dichtung vollzieht.

Ausgehend von seiner Realismus-Theorie, die hier nicht dargestellt und beurteilt werden kann, kommt *Georg Lukács* eher zu einer skeptischen Beurteilung der Periode von 1830 bis 1848, da selbst die fortschrittlichen Schriftsteller in der deutschen Misere »weder den geeigneten Stoff noch die entsprechende Form für einen gesellschaftskritischen Realismus« (S. 91) zu finden vermochten. Auch Lukács kritisiert das Junge Deutschland und stellt ihm Büchner und Heine gegenüber. Er geht vom Epochenjahr 1830 aus (bis dahin reicht – trotz Übergangserscheinungen vor 1830 – die Restaurationsperiode mit »ihrer herrschenden literarischen Ausdrucksform, der Romantik«, S. 92); die Zeit nach 1830 ist für Lukács die »Vorbereitungszeit der demokratischen Revolution« (S. 98), einhergehend mit literarischen Umwälzungen, vor allem im Werk Büchners und Heines. Insgesamt neigt Lukács zu einer eher dualen Aufteilung in Fortschritt und Reaktion; Ansätze einer dialektischen Epochenkonzeption, wie sie später von Rosenberg entworfen wurde, zeigen sich allerdings in der Beurteilung Mörikes, wenn er – in freilich noch unklarer Weise – ausführt, daß die epochentypische »Annäherung an das öffentliche Leben alle inneren Gegensätze der Persönlichkeit

und der Weltanschauung notwendig auf die Spitze treibt. Vor dieser
Zeitstimmung kann sich deshalb niemand vollkommen abschließen;
wenn es versucht wird, entsteht rein innerlich eine ähnliche Verschärfung der Widersprüche« (S. 103).

Eine Differenzierung dieser Ansätze findet sich in den wenig be-
kannten, um 1930 konzipierten, aber erst 1971 veröffentlichten Auf-
sätzen von *Leo Löwenthal* über das »Junge Deutschland« und über
»Eduard Mörike«. Löwenthals Urteil über das Junge Deutschland
ist gemäßigter: »Verändernd und umgestaltend hat diese Bewegung
nicht wirken wollen und nicht gewirkt. Ihre Stärke ist die Zeitdia-
gnose, das ›Inventarisieren‹ der Gesellschaft, auch der Protest über
die Lage; aber das Vertrauen auf einen möglichen Sieg des Bürgertums, Gedanken über den möglichen Weg dorthin und die Formung
solchen Vertrauens und solcher Einsicht... bleiben dieser Bewegung im allgemeinen versagt« (S. 87 f.). Die Kritik an Gutzkows
»Gesinnungskapitalismus«, so treffend sie ist, bleibt jedoch hängen,
sofern ihr nicht Positionen der 40er Jahre bzw. die Büchnersche
Kritik gegenübergestellt werden, was Löwenthal jedoch nur andeu-
tet. Seine Gesamteinschätzung des Jungen Deutschland als »erste
Generation der bürgerlichen Aufklärungsliteratur in Deutschland«
(S. 86) ist wegen der Zählweise problematisch, nicht aber wegen der
Einordnung in diesen Traditionsstrang. Bemerkenswert für die in
dem vorliegenden Band vertretene Vormärz-Konzeption sind
Löwenthals Ausführungen über Mörike, dessen persönliche und literarische Erscheinung er als Ausdruck »gestörter Bürgerlichkeit«,
d. h. des sozial und politisch unbefriedigten Bürgertums im Vormärz
auffaßt. Der Satz: »In Mörike steckt ein Stück Eroberungswillens
dieser Welt gegenüber. Das Instrument, mit dem er sich an die all-
tägliche Umwelt herantastet, ist eine bis in die Details gehende Psychologie« (S. 110) wird von Löwenthal zwar mehr sozialpsycholo-
gisch begründet, enthält aber bereits konzeptionelle Elemente, wie
sie Rosenberg in der dialektischen Wirkung der vormärzlichen Traditionsbewahrung (im Prozeß der allgemeinen Traditionsablösung)
später genauer entwickelt hat. Ansonsten hängt auch Löwenthal der
Theorie an, daß es bis 1830 »keine der gesellschaftlichen Problematik
unmittelbar zugewandte Dichtung« (S. 109) gegeben habe und »erst
im Jungen Deutschland eine neue literarische Form und ein neues
bürgerliches Bewußtsein, das energisch einen Schritt auf die Gegen-
wartsproblematik hin unternimmt« (S. 109), entstanden sei. Dies
läßt sich heute so nicht mehr aufrechterhalten.

Paul Reimanns »Hauptströmungen der deutschen Literatur
1750–1848« (1956) ist keine umfassende literaturgeschichtliche Darstellung dieses Zeitraumes, sondern eine auf die (progressive)

Hauptlinie beschränkte Erberezeption vom Standpunkt des sozialistischen Realismus. So kommt es, daß die Periode 1815–1848 in zwei Abschnitte zerlegt wird: »Der Verfall der Romantik – Der Übergang zum bürgerlichen Realismus (1815–1830)« und »Die neue Entfaltung der demokratischen und realistischen Literatur – Anfänge der sozialistischen Literatur (1830–1848)«. Die programmatische Beschränkung auf die von der bürgerlichen Literaturgeschichtsschreibung vernachlässigte bürgerlich-demokratische und sozialistische Literatur führt dazu, daß vice versa bürgerliche Schriftsteller wie Grillparzer, Droste-Hülshoff, Stifter, Gotthelf u. a. überhaupt nicht besprochen werden. (Zur Kritik dieser undialektischen Erberezeption vgl. oben Kap. 2.2.1., Abs. 6 und 7.) Reimann verwendet den Begriff »Vormärz« in der sehr engen Bedeutung, d. h. ab 1840 und auf die politisch-progressive Literatur beschränkt.

Die weiteren in Frage kommenden DDR-Arbeiten zum Vormärz von Voigt (1960 ff.) und Jakubietz (1964) waren leider nicht zugänglich. Der »*Lehrbrief zur Geschichte der deutschen Literatur von 1830 bis 1848*« wird von Rosenberg 1967 ausführlich rezensiert.

Die Wende in der Vormärz-Forschung der DDR wird dann, wie in Kap. 2.2.1., Abs. 6 f. dargelegt, vor allem durch *Rainer Rosenbergs* Vormärz-Aufsatz von 1967 herbeigeführt. Gespannt sein darf man neben der »*Geschichte der deutschen Literatur*«, Bd. 8, vor allem auf sein ebenfalls demnächst erscheinendes Buch »Literaturverhältnisse im deutschen Vormärz«.

Die veränderte Vormärz-Konzeption drückt sich auch in den Redigierungen der verschiedenen Neuauflagen der »*Erläuterungen zur deutschen Literatur. Vormärz 1830–1848*« (zuletzt 1972) aus. In diesem Band sind marxistische Beiträge zum Vormärz, von verschiedenen Verfassern und in der Regel in anderen Zusammenhängen früher bereits veröffentlicht, in Form einer »Herausgeber-Synthese« versammelt. Hauptsächlich für die Schule gedacht, stellen die »Erläuterungen« somit zugleich das »offizielle« Vormärz-Bild der DDR vor – was nicht gleichbedeutend mit dem neuesten sein muß. Hervorzuheben ist, daß das lange Zeit herrschende, einseitig auf die politisch-progressive Literatur fixierte Vormärz-Konzept sich zu wandeln beginnt: in der Ausgabe von 1972 werden auch Immermann, Droste-Hülshoff, Alexis, Platen, Grabbe und Lenau berücksichtigt.

Literatur:
Friedrich Engels: Alexander Jung. Vorlesungen über die moderne Literatur der Deutschen. In: MEW, Bd. 1, S. 433–445.

Franz Mehring: Aufsätze zur deutschen Literatur von Klopstock bis Weerth. Berlin (DDR) 1961, S. 335–623. (= Gesammelte Schriften. Hrsg. von Thomas Höhle u. a., Bd. 10)

Georg Lukács: Skizze einer Geschichte der Neueren Deutschen Literatur. Berlin (DDR). 1953.

Leo Löwenthal: Das Junge Deutschland – die Vorgeschichte des bürgerlichen Bewußtseins. In: Erzählkunst und Gesellschaft. Neuwied/Berlin 1971, S. 83–108.

Ders.: Eduard Mörike – die gestörte Bürgerlichkeit. In: ebda., S. 109–119.

Paul Reimann: Hauptströmungen der deutschen Literatur 1750–1848. Beiträge zu ihrer Geschichte und Kritik. Berlin (DDR) 1956, ²1963, S. 521–824.

Günther Voigt: Lehrbrief zur Geschichte der deutschen Literatur von 1830 bis 1848. Teil I–III. Für das Fernstudium verfaßt. Hrsg. von der Päd. Hochschule Potsdam 1960–1965.

Maximilian Jakubietz: Die Literatur des Vormärz und der Achtundvierziger. Lehrbrief. Leipzig 1964.

Erläuterungen der deutschen Literatur. Vormärz 1830–1848. Hrsg. vom Kollektiv für Literaturgeschichte. Berlin (DDR) ⁹1972.

Gert Mattenklott/Klaus R. Scherpe (Hrsg.): Demokratisch-revolutionäre Literatur in Deutschland: Vormärz. Kronberg 1974. (= Aufsätze zu Harring, Büchner, Menzel, Herwegh/Freiligrath u. a.)

Vorbemerkung:

Das nachfolgende Literaturverzeichnis ist eine Auswahlbibliographie. Es enthält – gemäß den in Kap. 1.2. genannten Auswahlprinzipien – Spezialuntersuchungen zur Vormärzepoche und ist damit als eine Ergänzung der in den Kap. 2 und 3 erwähnten allgemeinen Literatur zu verstehen.

Die Ausbeute an materialistisch orientierter bzw. an Sekundärliteratur, die für materialistische Vormärz-Forschung Wert hat, ist insgesamt noch gering. Es erschien daher sinnvoll, bei gegenwärtig bestehenden Forschungslücken sowohl in Frage kommende ältere Literatur als auch konzeptionell kontroverse Literatur (in der Regel: biedermeier-orientiert) heranzuziehen.

Die genaue thematische Durchgliederung dieser Auswahlbibliographie hat den Zweck, den ganzen Umkreis der für materialistische Vormärz-Forschung wichtigen Fragestellungen in den Blick zu rücken, den Umfang der bisher geleisteten Arbeit sichtbar zu machen und damit zugleich Anstöße zu Weiterarbeit und Vervollständigung zu geben. Aus diesem Grunde wurde in den einzelnen Komplexen die chronologische Anordnung der Literatur gewählt. Die bei diesem Gliederungsprinzip auftretenden Schwierigkeiten der richtigen Zuordnung mußten in Kauf genommen werden.

4.1. Sozio-ökonomische Grundlagen

4.1.1. Veränderungen an der Basis

Jürgen Kuczynski: Geschichte der Lage der Arbeiter unter dem Kapitalismus. Bd. 1. Darstellung der Lage der Arbeiter in Deutschland von 1789–1848. Berlin [6]1954.

H. Mottek, H. Blumberg, H. Wutzmer, W. Becker: Studien zur Geschichte der industriellen Revolution in Deutschland. Berlin 1960.

Werner Conze (Hrsg.): Staat und Gesellschaft im deutschen Vormärz 1815–1848. Stuttgart 1962.

Karl Erich Born (Hrsg.): Moderne deutsche Wirtschaftsgeschichte. Köln, Berlin 1966.

Hans-Ulrich Wehler (Hrsg.): Moderne deutsche Sozialgeschichte. Köln, Berlin 1966.

Wolfram Fischer (Hrsg.): Wirtschafts- und sozialgeschichtliche Probleme der frühen Industrialisierung. Berlin 1968.

R. Braun, W. Fischer, H. Grosskreutz, H. Volkmann (Hrsg.): Industrielle Revolution. Wirtschaftliche Aspekte. Köln, Berlin 1972.

4.1.2. Literaturentwicklung in der Gesellschaft

Leo Balet: Die Verbürgerlichung der deutschen Kunst, Literatur und Musik im 18. Jahrhundert. Straßburg 1936 (jetzt auch: Frankfurt 1974).

Ernest K. Bramsted: Aristocracy and the middle-classes in Germany. Social types in German literature 1830–1900. Chicago, London ²1964 (zuerst: 1937).

Arnold Hauser: Sozialgeschichte der Kunst und Literatur. 2 Bde. München 1953; 1967.

Jürgen Habermas: Strukturwandel der Öffentlichkeit. Untersuchungen zu einer Kategorie der bürgerlichen Gesellschaft. Neuwied, Berlin 1962, ⁵1971.

Friedrich Sengle: Die deutsche Literatur des 19. Jahrhunderts, gesellschaftsgeschichtlich gesehen. In: Literatur – Sprache – Gesellschaft. Hrsg. von Karl Rüdinger. München 1970, S. 73–101.

Rainer Rosenberg: Literaturverhältnisse im deutschen Vormärz (erscheint voraussichtlich 1974).

4.1.3. Literaturmarkt und Buchhandel

Eva D. Becker/Manfred Dehn: Literarisches Leben. Auswahlverzeichnis von Literatur zum deutschsprachigen literarischen Leben von der Mitte des 18. Jahrhunderts bis zur Gegenwart. Hamburg 1968.

[A. Prinz]: Der Buchhandel vom Jahre 1815 bis zum Jahre 1843. Bausteine zu einer spätern Geschichte des Buchhandels. 5 Tle. Altona 1854–60.

Johann Goldfriedrich: Geschichte des deutschen Buchhandels vom Beginn der Fremdherrschaft bis zur Reform des Börsenvereins im neuen Deutschen Reich (1805–1889). Leipzig 1913 (= Gesch. d. dt. Buchhandels, Bd. 4).

Kurt Georg Schauer: Der deutsche Buchhandel im Vormärz und das bürgerliche Bildungsbedürfnis. Vorwiegend nach dem Börsenblatt des deutschen Buchhandels dargestellt. In: Archiv für Geschichte des Buchwesens 4 (1963), Sp. 1443–1480.

Hellmut Rosenfeld: Zur Geschichte von Nachdruck und Plagiat. Mit einer chronologischen Bibliographie zum Nachdruck von 1733–1824. In: Archiv für Geschichte des Buchwesens 11 (1970), Sp. 337–372.

Rudolf Schenda: Volk ohne Buch. Studien zur Sozialgeschichte der populären Lesestoffe 1770–1910. Frankfurt 1970.

Wolfgang R. Langenbucher: Das Publikum im literarischen Leben des 19. Jahrhunderts. In: Der Leser als Teil des literarischen Lebens. Eine Vortragsreihe. Bonn 1971, S. 52–84.

Martin Vogel: Der literarische Markt und die Entstehung des Verlags- und Urheberrechts bis zum Jahre 1800. In: Rhetorik · Ästhetik · Ideologie Aspekte einer kritischen Kulturwissenschaft. Hrsg. von J. Goth u. a. Stuttgart 1973, S. 117–136.

Lutz Winckler: Entstehung und Funktion des literarischen Marktes. In: Kulturwarenproduktion. Aufsätze zur Literatur- und Sprachsoziologie. Frankfurt 1973, S. 12–75.

Rolf Engelsing: Analphabetentum und Lektüre. Zur Sozialgeschichte des Lesens in Deutschland zwischen feudaler und industrieller Gesellschaft. Stuttgart 1973.

4.1.4. Soziale Lage des Schriftstellers

Hans H. Borcherdt: Das Schriftstellertum von der Mittz des 18. Jahrhunderts bis zur Gründung des Deutschen Reiches. In: Die geistigen Arbeiter. Teil 1. Freies Schriftstellertum und Literaturverlag. Hrsg. von Ludwig Sinzheimer. München, Leipzig 1922, S. 1–55.

Hans-Jürgen Weisher: Das wirtschaftliche Verhältnis zwischen Autor und Theater. 1790–1857. München, Diss. 1935.

Hans Gerth: Die sozialgeschichtliche Lage der bürgerlichen Intelligenz um die Wende des 18. Jahrhunderts. Ein Beitrag zur Soziologie des deutschen Frühliberalismus. Frankfurt, Diss. 1935.

Hans Jürgen Haferkorn: Der freie Schriftsteller. – Eine literatursoziologische Studie über seine Entstehung und Lage in Deutschland zwischen 1750 und 1800. In: Börsenblatt für den Deutschen Buchhandel. Frankfurt, Nr. 8a (1963), S. 125–219. (Als Diss. zuerst: 1959.) – Jetzt in: Literaturwissenschaft und Sozialwissenschaften 3. Deutsches Bürgertum und literarische Intelligenz 1750 bis 1800. Stuttgart 1974, S. 113–275.

Deutsches Bürgertum und literarische Intelligenz 1750 bis 1800. Von H. Freier u. a. Stuttgart 1974 (= Literaturwissenschaft und Sozialwissenschaften 3).

4.2. Politischer Prozeß und Vormärz-Literatur

4.2.1. Zusammenhang von Politik und Literatur

Hans Rosenberg: Politische Denkströmungen im deutschen Vormärz [1927–1931]. Göttingen 1972.

Leo Löwenthal: Erzählkunst und Gesellschaft. Die Gesellschaftsproblematik in der deutschen Literatur des 19. Jahrhunderts [1928–1931]. Neuwied, Berlin 1971.

Walter Roer: Die soziale Bewegung vor der deutschen Revolution 1848 im Spiegel der zeitgenössischen politischen Lyrik. Münster 1933.

Martin Greiner: Politik und Literatur 1830–50. In: Die Sammlung 11 (1956), S. 289–295 (fragwürdig).

Susanne Ghirardini-Kurzweil: Das Theater in den politischen Strömungen der Revolution vor 1848. München, Diss. 1961.

Hans-Georg Werner: Die oppositionelle Dichtung des Vormärz und die bürgerliche Ordnung. In: Wiss. Zs. der M. Luther-Universität Halle-Wittenberg, Jg. 13 (1964), S. 557–570.

Jost Hermand: Napoleon im Biedermeier. In: Von Mainz nach Weimar. 1793–1919. Studien zur deutschen Literatur. Stuttgart 1969, S. 99–128.

Hans-Georg Werner: Die Bedeutung des polnischen Aufstandes 1830/31 für die Entwicklung der politischen Lyrik in Deutschland. In: WB 16 (1970), H. 7, S. 158–175.

4.2.2. Zensur, Exil, Untergrund

Karl Glossy (Hrsg.): Literarische Geheimberichte aus dem Vormärz. In: Jahrbuch der Grillparzergesellschaft. Bd. 21–23. Wien 1912 (jetzt auch: Hildesheim 1972).
Heinrich Hubert Houben: Der gefesselte Biedermeier. Literatur, Kultur, Zensur in der guten alten Zeit. Leipzig 1924 (jetzt auch: Hildesheim 1972).
Julius Marx: Die österreichische Zensur im Vormärz. Wien 1959.
Franz Schneider: Pressefreiheit und politische Öffentlichkeit. Studien zur politischen Geschichte Deutschlands bis 1848. Neuwied 1966.

4.3. Dichtungstheorie

Günter Bliemel: Die Auffassung des Jungen Deutschland von Wesen und Aufgabe des Dichters und der Dichtung. Berlin, Diss. 1955.
Walter Dietze: Junges Deutschland und deutsch Klassik. Zur Ästhetik und Literaturtheorie des Vormärz. Berlin (DDR) 1958, ^{3}1962.
Marie-Luise Linn: Studien zur deutschen Rhetorik und Stilistik im 19. Jahrhundert. Marburg 1963.
Georg Jäger: Das Gattungsproblem in der Ästhetik und Poetik von 1780 bis 1850. In: Zur Literatur der Restaurationsepoche 1815–1848. Forschungsreferate und Aufsätze. Hrsg. von Jost Hermand und Manfred Windfuhr. Stuttgart 1970, S. 371–404.

4.4. Literatursprache

Friedrich Sengle: Stilistische Sorglosigkeit und gesellschaftliche Bewährung. Zur Literatur der Biedermeierzeit [1963]. In: Arbeiten zur deutschen Literatur. 1750–1850. Stuttgart 1965, S. 155–174.
Marie-Luise Gansberg: Der Prosa-Wortschatz des deutschen Realismus. Unter besonderer Berücksichtigung des vorausgehenden Sprachwandels 1835–1855. Bonn 1964.
Wulf Wülfing: Schlagworte des Jungen Deutschland. In: Zeitschrift für deutsche Sprache 21 ff. (1965 ff.).
Hans-Wolf Jäger: Politische Metaphorik im Jakobinismus und im Vormärz Stuttgart 1971.

4.5. Formenwelt

4.5.1. Drama

Peter Hacks: Das Theaterstück des Biedermeier (1815–1840). München, Diss. 1951.
Reinhard Dithmar: Der Kampf um das soziale Drama in Deutschland vor 1848. In: Blätter für den Deutschlehrer 14 (1970), S. 47–55.
Horst Denkler: Restauration und Revolution. Politische Tendenzen im deutschen Drama zwischen Wiener Kongreß und Märzrevolution. München 1973.

4.5.2. Lyrik

Wolfgang Schieder: Wilhelm Weitling und die deutsche politische Hand-
werkerlyrik im Vormärz. In: International Review of Social History. Vol.
V. Amsterdam 1960, S. 265–290.

Karl Harald Kischka: Typologie der politischen Lyrik des Vormärz. Mainz,
Diss. 1964 (formalistisch).

Hans-Georg Werner: Geschichte des politischen Gedichts in Deutschland
von 1815 bis 1840. Berlin 1969.

Walter Grab/Uwe Friesel: Noch ist Deutschland nicht verloren. Eine historisch-politische Analyse unterdrückter Lyrik von der Französischen
Revolution bis zur Reichsgründung. München 1970.

Peter Stein: Politisches Bewußtsein und künstlerischer Gestaltungswille in
der politischen Lyrik 1780–1848. Hamburg 1971.

4.5.3. Versepik

Wilhelm Kurz: Formen der Versepik in dem Biedermeier. Tübingen, Diss.
1955.

4.5.4. Idylle

Friedrich Sengle: Formen des idyllischen Menschenbildes. In: Arbeiten zur
deutschen Literatur. 1750–1850. Stuttgart 1965, S. 212–231.

Ulrich Eisenbeiß: Das Idyllische in der Novelle und die Idyllnovelle in Biedermeier und Biedermeiertradition. Stuttgart 1974.

4.5.5. Erzählprosa

Friedrich Sengle: Der Romanbegriff in der ersten Hälfte des 19. Jahrhunderts. (1959). In: Arbeiten zur deutschen Literatur. 1750–1850. Stuttgart
1965, S. 175–196.

Alfred Klein: Die Entwicklung der proletarisch-revolutionären Romanlite-
ratur in Deutschland. Eine gattungsgeschichtliche Untersuchung. Leipzig,
Diss. 1962.

Hadwig Kirchner-Klemperer: Der deutsche soziale Roman der vierziger
Jahre des vorigen Jahrhunderts, repräsentiert durch Ernst Willkomm und
Robert Prutz einerseits und Alexander Sternberg andererseits, unter be-
sonderer Berücksichtigung seiner Beziehungen zum französischen
Roman. In: Wiss. Zs. der Humboldt-Universität Berlin 11 (1962). Ges.-
und Sprachwiss. Reihe, S. 241–279.

Edward Mc'Innes: Zwischen »Wilhelm Meister« und »Die Ritter vom
Geist«: zur Auseinandersetzung zwischen Bildungsroman und Sozialro-
man im 19. Jahrhundert. In: DVjs 43 (1969), S. 487–514.

Rolf Schröder: Novelle und Novellentheorie in der frühen Biedermeierzeit.
Tübingen 1970.

Werner Hahl: Reflexion und Erzählung. Ein Problem der Romantheorie von
der Spätaufklärung bis zum programmatischen Realismus. Stuttgart 1971.

4.6. Interdependenz mit Faktoren des weiteren Überbaus

4.6.1. Ästhetik der Kunstperiode

Walter Dietze: Junges Deutschland und deutsche Klassik. Zur Ästhetik und Litzraturtheorie des Vormärz. Berlin (DDR) 1958, ³1962.

4.6.2. Philosophie und Wissenschaft

Werner Suhge: Saint-Simonismus und Junges Deutschland. Das saint-simonistische System in der deutschen Literatur der ersten Hälfte des 19. Jahrhunderts. Berlin 1935.
Werner Krauss: Die deutsche Geisteswelt im Vormärz. In: Forum 2 (1948), S. 248–251.
Hans-Dietrich Dahnke: Karl Marx und die politischen Lyriker von 1848. In: Neue deutsche Lit. 1 (1953), S. 134–146.
Werner Krauss: Karl Marx im Vormärz. In: Dt. Zs. f. Philosophie 1 (1953), H. 3/4, S. 429–460.
Horst Stuke: Philosophie der Tat. Studien zur »Verwirklichung der Philosophie« bei den Junghegelianern und den Wahren Sozialisten. Stuttgart 1963.
Udo Köster: Literarischer Radikalismus. Zeitbewußtsein und Geschichtsphilosophie in der Entwicklung des Jungen Deutschland zur Hegelschen Linken. Frankfurt 1972.

4.7. Schriftsteller und Schriftstellergruppen

4.7.1. Bibliographien

Christiane Lehmann: Beiträge zur Personalbibliographie des Zeitraumes von 1830 bis 1880. In: Studien zur neueren deutschen Literatur. Hrsg. von Hans Werner Seiffert. Berlin (DDR) 1964, S. 205–235.
Johannes Hansel: Personalbibliographie zur deutschen Literaturgeschichte. Studienausgabe. Berlin 1967, S. 97–127.
Internationale Bibliographie zur Geschichte der deutschen Literatur von den Anfängen bis zur Gegenwart. Erarbeitet von dt., sowjet., bulgar., jugoslaw., poln., rumän., tschechoslowak. und ungar. Wissenschaftlern unter Leitung und Gesamtredaktion von Günter Albrecht und Günther Dahlke. Teil 2, 1. München und Berlin 1971, S. 530–748.

4.7.2. Einzelne Schriftsteller

(Berücksichtigt wurden nur die Monographien, die den Zusammenhang mit der Epochenproblematik reflektieren; Anordnung in diesem Kapitel: alphabetisch nach Schriftstellern.)

Börne   *Helmut Bock:* Ludwig Börne. Vom Gettojuden zum National-
schriftsteller. Berlin (DDR) 1962.

Büchner   *Hans Mayer:* Georg Büchner und seine Zeit. Wiesbaden [1]1946,
[2]1960.

Droste   *Günter Häntzschel:* Tradition und Originalität. Allegorische Darstellung im Werk Annette von Droste-Hülshoffs. München, Diss. 1968.

Gotthelf   *Reinhild Buhne:* Jeremias Gotthelf und das Problem der Armut.
Bern 1967.

Grillparzer   *Ulrich Fülleborn:* Das dramatische Geschehen im Werk Franz
Grillparzers. Ein Beitrag zur Epochenbestimmung der deutschen Litera-
tur im 19. Jahrhundert. München 1966.
Heinz Politzer: Franz Grillparzer oder Das abgründige Biedermeier.
Wien, München 1972.

Gutzkow   *Eitel Wolf Dobert:* Karl Gutzkow und seine Zeit. Bern, München 1968.

Heine   *Klaus Briegleb* (Hrsg.): Heinrich Heine. Sämtliche Werke. Mün-
chen 1968 ff. (bisher 4 Bände, wichtig ist der Kommentar!).
Manfred Windfuhr: Heinrich Heine. Revolution und Reflexion. Stuttgart
1969.
Hans Kaufmann: Heinrich Heine. Geistige Entwicklung und künstleri-
sches Werk. Berlin, Weimar 1970.
Günter Oesterle: Integration und Konflikt. Die Prosa Heinrich Heines im
Kontext oppositioneller Literatur der Restaurationsepoche. Stuttgart
1972.
Wolfgang Kuttenkeuler: Heinrich Heine. Theorie und Kritik der Litera-
tur. Stuttgart 1972.
Manfred Windfuhr: Heinrich Heine zwischen den progressiven Gruppen
seiner Zeit. Von den Altliberalen zu den Kommunisten. Ein Arbeitspapier.
In: ZDP 91 (1972), Sonderband, S. 1–23.

Herwegh   *Wolfgang Büttner:* Georg Herwegh, ein Sänger des Proletariats.
Der Weg eines bürgerlich-demokratischen Poeten zum Streiter für die
Arbeiterbewegung. Berlin (DDR) 1970.

Immermann   *Siegfried Kohlhammer:* Resignation und Revolte. Immermanns »Münchhausen«: Satire und Zeitroman der Restaurationsepoche.
Stuttgart 1973.

Weerth   *Florian Vaßen:* Georg Weerth. Ein politischer Dichter des Vormärz und der Revolution. Stuttgart 1971.

4.7.3. Gruppen, Anonyme, Volksliteratur

Johannes Hofmann: Die erste deutsche Schriftstellerorganisation und die
Schriftstellerbewegung. Leipzig 1921.

Oskar Kosta: Literarische Verbindungen revolutionär-demokratischer
Dichter des Vormärz: Leipzig–Prag. In: Wiss. Zs. der Univ. Leipzig 9
(1959/60), S. 737–747.

Helmut Koopmann: Das Junge Deutschland. Analyse seines Selbstverständnisses. Stuttgart 1970.

4.8. Presse

4.8.1. Journalismus und Dichtung

Eugen Wolff: Über den Einfluß des Zeitungswesens auf Litteratur und Leben. Kiel, Leipzig 1891.
Wolfgang Preisendanz: Der Funktionsübergang von Dichtung und Publizistik bei Heine. In: Die nicht mehr schönen Künste. Grenzphänomene des Ästhetischen. Hrsg. von H. R. Jauß. München 1968, S. 343–373.

4.8.2. Zeitschriften und Zeitungen

Johanna Loeck: Das Zeitungs- und Zeitschriftenlesen im Deutschland des Biedermeier und des Vormärz 1815–1848 unter besonderer Berücksichtigung des mitteldeutschen Raumes. Leipzig, Diss. 1945.
Joachim Kirchner: Das deutsche Zeitschriftenwesen. Seine Geschichte und seine Probleme. Teil II. Wiesbaden 1962.
Kurt Koszyk: Deutsche Presse im 19. Jahrhundert. Geschichte der deutschen Presse. Teil II. Berlin 1966.

4.8.3. Almanache, Taschenbücher, Kalender

Hans Köhring (Hrsg.): Bibliographie der Almanache, Kalender und Taschenbücher für die Zeit von ca. 1750–1860. Hamburg 1929.
Leopold Hohenecker: Die literarischz und kulturpolitische Bedeutung des Kalenders. Wien, Diss. 1949.
Margarete Zuber: Die deutschen Musenalmanachz und schöngeistigen Taschenbücher des Biedermeier 1815–1848. In: Archiv für Gesch. des Buchwesens. Bd. 6. Frankfurt 1957, S. 398–487.
Rolf Schröder: Zur Struktur des ›Taschenbuchs‹ im Biedermeier. In: GRM 41 (1960), S. 442–448.
Felicitas Marwinski: Almanache, Taschenbücher, Taschenkalender. Weimar 1967.

Benjamin, Lit.gesch.: Walter Benjamin: Literaturgeschichte und Literaturwissenschaft [1931]. In: Angelus Novus. Frankfurt 1966, S. 450–456.

Benjamin, Thesen: Walter Benjamin: Geschichtsphilosophische Thesen. In: Illuminationen. Ausgewählte Schriften. Frankfurt 1961, S. 268–279.

Dau: Rudolf Dau: Erben oder Enterbzn. Jost Hermand und das Problem einer realistischen Aneignung des klassischen bürgerlichen Literaturerbes. In: WB 19 (1973), H. 7, S. 67–98.

Denkler, Rest.: Horst Denkler: Restauration und Revolution. Politische Tendenzen im deutschen Drama zwischen Wiener Kongreß und Märzrevolution. München 1973.

Dietze: Walter Dietze: Junges Deutschland und deutsche Klassik. Zur Ästhetik und Literaturtheorie des Vormärz. Berlin (DDR) 1957, ³1962.

Erläuterungen: Erläuterungen zur deutschen Literatur. Vormärz 1830–1848. Hrsg. vom Kollektiv für Literaturgeschichte. Berlin (DDR) 1953, ⁹1972.

Feinkonzeption: Feinkonzeption. Literaturgeschichte Band 9. Von Kurt Böttcher, Rainer Rosenberg, P. G. Krohn, D. Sommer, P. Wruck. In: WB 15 (1969), H. 2, S. 275–315.

Fülleborn: Ulrich Fülleborn: Das Problem der literarhistorischen Epochenbestimmung für die deutsche Dichtung nach Ausgang der Goethezeit. In: Das dramatische Geschehen im Werk Franz Grillparzers. Ein Beitrag zur Epochenbestimmung der deutschen Literatur im 19. Jahrhundert. München 1966, S. 7–42.

Hegel, Ästh.: Georg Wilhelm Friedrich Hegel: Vorlesungen über die Ästhetik. Bd. I–III. In: Werke in zwanzig Bänden. Bd. 13–15. Frankfurt 1970 (= Theorie Werkausgabe Suhrkamp).

Hermand, Formenwelt: Jost Hermand: Die literarische Formenwelt des Biedermeiers. Gießen 1958.

Hermand, Jg. Dt.: Jost Hermand: Das Junge Deutschland. Texte und Dokumente. Stuttgart 1966.

Hermand, Vormärz: Jost Hermand: Der deutsche Vormärz. Texte und Dokumente. Stuttgart 1967.

Hermand, Synth.: Jost Hermand: Synthetisches Interpretieren. Zur Methodik der Literaturwissenschaft. München 1968.

Hermand, Ep.probl.: Jost Hermand: Allgemeine Epochenprobleme. In: Zur Literatur der Restaurationsepoche 1815–1848. Forschungsreferate und Aufsätze. Hrsg. von Jost Hermand und Manfred Windfuhr. Stuttgart 1970, S. 3–61.

Jäger: Hans-Wolf Jäger: Politische Metaphorik im Jakobinismus und im Vormärz. Stuttgart 1971.

Jauß: Hans Robert Jauß: Literaturgeschichte als Provokation. Frankfurt 1970.

Kluckhohn: Paul Kluckhohn: Biedermeier als literarische Epochenbezeichnung. In: DVjs 18 (1935), S. 1–43.

Kohlhammer: Siegfried Kohlhammer: Resignation und Revolte. Immermanns »Münchhausen«: Satire und Zeitroman der Restaurationsepoche. Stuttgart 1973.

Konzeption: Historisch-inhaltliche Konzeption der Geschichte der deutschen Literatur von der Aufklärung bis zur Gegenwart. In: WB 17 (1971), H. 2, S. 54–86.

Kunze: Erich Kunze: Beiträge zur deutschen Litzraturgeschichte des Vormärz (1840–1850). Breslau 1938.

MEW: Karl Marx/Friedrich Engels: Werke. Hrsg. vom Institut für Marxismus-Leninismus beim ZK der SED. Bd. 1 ff. Berlin (DDR) 1956 ff.

Methodenkritik: Methodenkritik der Germanistik. Materialistische Literaturtheorie und bürgerliche Praxis. Von Marie Luise Gansberg und Paul Gerhard Völker. Stuttgart 1970, ⁴1973.

Mottek: Hans Mottek: Wirtschaftsgeschichte Deutschlands. Ein Grundriß. Bd. II. Berlin (DDR) 1964, ²1969.

Norst: Marlene J. Norst: Biedermeier. In: Periods in German Literature. Ed. by James M. Ritchie. London 1966, ²1968, S. 147–168.

Obermann: Karl Obermann: Deutschland von 1815 bis 1849. Berlin (DDR) 1961.

Pepperle: Ingrid Pepperle: Spätbürgerliche Literaturwissenschaft und Vormärz. In: WB 18 (1972), H. 8, S. 181–186.

Richter: Dieter Richter: Geschichte und Dialektik in der materialistischen Literaturtheorie. In: alternative 82 (1972), S. 2–14. – Wiederabgedruckt in: Zur Kritik literaturwissenschaftlicher Methodologie. Hrsg. von Viktor Žmegac und Zdenko Škreb. Frankfurt 1973, S. 216–234. Danach wird zitiert.

Rosenberg, Vormärz: Rainer Rosenberg: Rezension zu: Lehrbrief zur Geschichte der deutschen Literatur von 1830 bis 1848. Teil I–III. Für das Fernstudium verfaßt von Günther Voigt, Potsdam 1960–1965. In: WB 13 (1967), S. 148–163. Danach wird zitiert. – Gekürzter Wiederabdruck: Zur Forschungsproblematik der deutschen Literatur des Vormärz. In: Aktuelle Probleme der vergleichenden Literaturforschung. Hrsg. von Gerhard Ziegengeist. Berlin (DDR) 1968, S. 240–249.

Rosenberg 1972: Rainer Rosenberg: Deutsche Literatur zwischen 1830–1871. In WB 18 (1972), H. 1, S. 121–145.

Sagarra: Eda Sagarra: Tradition und Revolution. Deutsche Literatur und Gesellschaft 1830 bis 1890. München 1972.

Sengle, Vorauss.: Friedrich Sengle: Voraussetzungen und Erscheinungsformen der deutschen Restaurationsliteratur. In: DVjs 30 (1956), S. 268–294. Danach wird zitiert. – Wiederabgedruckt in: Arbeiten zur deutschen Literatur. 1750–1850. Stuttgart 1965, S. 118–154.

Sengle, Aufgaben: Friedrich Sengle: Aufgaben und Schwierigkeiten der heutigen Literaturgeschichtsschreibung. In: Archiv 200 (1963), S. 241–264.

Sengle, I, II: Friedrich Sengle: Biedermeierzeit. Deutsche Literatur im Spannungsfeld zwischen Restauration und Revolution 1815–1848. Bd. 1, 2. Stuttgart 1971 und 1972.

Skizze: Skizze zur Geschichte der deutschen Nationalliteratur von den Anfängen der deutschen Arbeiterbewegung bis zur Gegenwart. In: WB 10 (1964), S. 644–812.

Stein, Pol. Bew.: Peter Stein: Politisches Bewußtsein und künstlerischer Gestaltungswille in der politischen Lyrik 1780–1848. Hamburg 1971.

Stein, Vormärz: Peter Stein: ›Vormärz‹ als literaturgeschichtliche Epochen-bezeichnung. In: WW 22 (1972), S. 411–426.

Vormärz 1973: Der literarische Vormärz 1830 bis 1847. Von Wolfgang W. Behrens, Gerhard Bott, Hans-Wolf Jäger, Ulrich Schmid, Johannes Weber, Peter Werbick. München 1973.

Weimann: Robert Weimann: Gegenwart und Vergangenheit in der Literatur-geschichte (1970). In: Literaturgeschichte und Mythologie. Methodo-logische und historische Studien. Berlin und Weimar ²1972, S. 11–46.

Werner 1965: Hans-Georg Werner (Hrsg.): Deutsche Literatur im Über-blick. Leipzig 1965.

Werner, Pol. Ged.: Hans-Georg Werner: Geschichte des politischen Gedichts in Deutschland von 1815 bis 1840. Berlin (DDR) ¹1969, ²1972. (Als Habil.-Schrift bereits 1966.)

Sammlung Metzler